유럽 자전거 여행

유럽 자전거 여행

이한철 지음

주요 여행코스 안내와
총 100일간의 생생한 여행일지

창조와 지식

1.

　캠핑을 하면서 자전거 여행을 하면 좋겠다는 생각이 자주 들었다. 50세가 넘어서 자전거를 타기 시작해서 은퇴와 동시에 자전거 여행을 다니기 시작했고 평소에 하고 싶었던 자전거 캠핑 여행도 다니기 시작했지만, 대부분의 국내 코스들은 짧고 자전거 캠핑 여행에는 여러 면에서 불편한 점들이 많았다. 막연하게 해외 자전거여행에 대한 열망을 자주 느끼면서 인터넷에 올라온 경험자들의 수기를 자주 접하게 되었다. 그러다가 고교 동창 자전거 모임에서 유럽으로 자전거여행을 가자는 제의가 있어서 이를 계기로 나의 해외 자전거 여행은 시작되었다.

　필자는 유럽에 자전거 여행을 두 번에 걸쳐 다녀왔다. 1차는 2014년 6월 25일부터 8월 18일까지 (55일간) 이었고, 2차는 2019년 8월 16일부터 9월 29일까지 (45일간) 다녀왔는데 사실 여행기를 쓴다는 생각은 전혀 없었다. 책을 내려면 여행 중에 충분한 자료와 사진을 수집해야 하기 때문에 그만큼 여행이 자유롭지가 않기 때문이었다. 그러나 나를 자전거의 세계로 인도한 전 직장동료이자 친구인 민병옥 님이 유럽 자전거 여행기의 집필을 권유하였다. 즉 유럽 자전거 여행을 꿈꾸는 많은 사람들한테 조금이나마 도움이 되고 용기를 불어넣어 줄 수 있다면, 쉽지만은 않았던 여행 경험을 체계적으로 정리하여 책을 편집하는 것도 보람이 있지 않겠냐는 의견이었다. 평소에 글쓰기와는 거리가 멀었던 나인지라 책을 쓴다는 것이 몹시 두려웠으나, 용기를 내어 이 책을 출간하기로 마음을 먹게 되었다. 따라서 이 책을 읽으면서 내용이 다소 충분치 못하거나 미흡한 점이 있어도 너그러운 마음으로 읽어 주시면 감사하겠습니다.

2.

먼저 필자가 다녀온 여행코스에 대해 간단히 설명하는 것이 이 여행기를 읽는 데 도움이 될 것이다.

1차 여행 시(2014년도)에는 전반 30일간은 고교 동창 3명이 북유럽국가인 노르웨이 오슬로에서 출발해서 스웨덴을 거쳐 덴마크 — 독일 — 네덜란드 — 독일 라인강을 따라 쾰른, 본 — 프랑크푸르트에 도착하였다.

그리고 후반 25일간은 혼자서 로맨틱 가도를 따라 브뤼츠부르크 출발 — 로텐부르크 오프데어 타우버(Rothenbueg ob der Tauber) — 아우크스부르크(Augsburg) — 퓌센(Fussen) 까지 간 다음 스위스 보덴 호수 변에 있는 콘스탄츠(Konstanz)에서 시작하는 라인강 상류 종주를 할 계획이었다. 하지만 로맨틱 가도를 자전거로 달려 보니 라이딩하기에는 도로 사정이나 지형 여건이 너무 불리해서 중간에 포기할 수밖에 없었다. 중간에 계획을 수정하여 알펜루트를 따라 오스트리아 잘츠부르크에서 알프스 기슭을 따라 스위스 보덴 호수까지 가게 되었다. 스위스에 들어와서 취리히 — 루체른 — 바젤에 도착 후, 라인강 상류를 따라 내려오며 프라이부르크 — 하이델베르크 — 프랑크푸르트로 귀환한 다음 귀국하였다.

2차 여행(2019년도)은 친구 한 명과 함께 프랑스 파리에 도착 후, 기차로 오를레앙(Orleans)으로 가서 르와르강변을 따라 투르(Tours) — 엉제(Angers) — 낭트(Nantes)로 간 다음, 프랑스 대서양변을 따라 남하하여 생장드몽(Saint-Jean_de-Monts) — 라로셸(La Rochelle) — 보르도 (Bordeaux) — 생장 삐에드뽀흐(saint-Jean-Pied-de-Port) 에 도착하였다. 그리고 산티아고 순례길을 따라 라이딩하다가 산티아고 데 콤포스텔라 (Sanitago de Compostela) 대성당에 도착 후, 기차를 타고 포르투갈로 넘어가서 포르토(Porto)부터 대서양변을 따라 리스본에 도착했다. 리스본에서 밤 열차로 마드리드로 이동한 다음, 이틀 관광 후에 귀국했다.

필자의 자전거여행은 코스 선정에 실패한 사례도 있었고, 기상 여건이나 도로 사정 등 제반 여건에 따라 수시로 변경하며 대중교통을 이용하기도 하였다. 따라서 계획했던 코스를 마치지 못하고 기차나 버스 등으로 건너뛰며 일정을 조정한 경우도 자주 있었음을 인정한다. 그리고 캠핑을 위주로 여행을 하다 보니 호텔 예약이나 교통편 예매를 하지 않았고 따라서 자유로운 코스 선정을 할 수가 있어 좋았으나 불편한 점도 당연히 많았다.

3.

이 책은 Chapter 1, Chapter 2, Chaptet 3으로 구성되어 있다. Chapter 1에서는 유럽의 자전거길에 대한 전반적인 안내와 필자가 실제로 다녀온 코스에 대해 기술하였고, Chapter 2에서는 여행 중에 필자가 메모한 매일매일의 일기를 중심으로 여행일지를 수록하였으며, Chapter 3에서는 유럽 자전거 캠핑 여행과 관련된 각종 정보와 필요 장비에 대해서 기술하였다.

마지막으로, 이 여행기는 필자가 실제로 달렸던 코스를 위주로 작성되었으므로 필자가 가보지 않은 동유럽과 영국 등은 소개를 못 하는 점을 이해해 주시기 바라며, 코스나 장비에 대한 평가는 필자의 주관적인 판단과 생각이므로 각자의 취향에 따라 판단하시기 바란다.

Chapter 1

유럽 자전거 여행 코스 안내

첫째, 유럽의 유명 도시나 유명한 관광지들은 웬만한 사람들이라면 한 번쯤은 다녀 봤겠지만, 자전거를 타고 유럽을 여행한다는 것은 전혀 다른 세상을 여행하는 것과 같은 기분이 들 것이다. 즉 페달을 밟으며 안장 위에서 바라보는 유럽의 모습은 자동차 차창으로 내다보는 풍경하고는 질적으로 다르다고 할 수 있으며, 자전거로 시골 구석구석을 누빌 수 있는 장점이 있어 유럽을 보고 느끼기에는 너무나 탁월한 선택이라고 할 수 있다. 무엇보다도 유럽은 지나는 작은 마을과 마주치는 건축물 하나하나마다 스토리와 역사가 배어 있으며, 이는 다른 지역에서 느끼거나 볼 수 없는 유럽 여행만의 장점이라고 할 수 있겠다.

유럽은 지나는 작은 마을과 마주치는 건축물 하나하나마다 스토리와 역사가 배어 있으며, 이는 다른 지역에서 느끼거나 볼 수 없는 유럽 여행만의 장점이라고 할 수 있다.

둘째, 코스 선정의 다양성에서도 가히 환상적이라고 할 수 있다. 유로벨로 (Euro Velo)라는 유럽의 자전거 도로망은 유럽대륙 전역에 걸쳐 가로세로로 방대하게 짜여져 있다. 이외에도 유로벨로와 연계하여 자전거로 갈 수 있는 다양한 자전거 코스가 나라마다 조성되어 있다. 예를 들면 유로밸로의 일부이기는 하지만 라인강 종주, 다뉴브강 종주, 르와르강 종주와 같은 강 따라가는 코스도 있고 독일의 고성 가도, 로맨틱 가도, 알펜 가도와 체코의 Green Way, 스페인의 산티아고 순례길, 알프스 주변의 다양한 트레일 코스 등 자전거 여행의 취향과 기간, 체력 수준을 고려해서 다양하게 여행계획을 수립할 수 있는 것이다.

산티아고 순례길에서 바라본 광야

프랑스 르아르강변의 멋진 풍경

알펜루트에서 퓌센으로 가는 길

프랑스 대서양변의 자전거길

셋째, 유럽은 캠핑의 천국이다. 독일, 프랑스, 네델란드 등 유럽 주요 국가들은 20~30Km마다 시설 좋은 캠핑장이 최소 한두 개씩은 꼭 있다. 가격도 저렴해서 하룻밤에 10~20유로가 평균적이고 노르웨이와 스위스는 20~30유로 정도로 다소 비싸기는 하지만 유럽 여행하면서 캠핑하는 데는 큰 어려움이 없다. 또한 유럽지역은 식당에서 사 먹는 밥값은 비싸지만, 슈퍼에서 식재료를 구입해서 조리해 먹으면 저렴하게 식사를 해결할 수 있다.

좌) 라이딩을 마치고 텐트앞에서 지는 석양을 바라보는 행복감은 자전거여행의 백미라고 할 수 있다.

상) 유럽은 캠핑의 천국이다. 유럽 주요 국가들은 20~30Km마다 시설 좋은 캠핑장이 최소 한두 개씩은 꼭 있다.

넷째, 대중교통편 이용시 자전거 휴대가 우리나라 보다 훨씬 편리하다고 할 수 있다. 유럽은 기차 교통망이 시골 구석구석까지 연결되어 있다. 기차의 종류가 나라마다 다르기는 하지만 우리나라와 비교하여 설명하면 고속열차(KTX급), 특급열차(새마을 호급), Inter-City(무궁화급) 등 세 등급 정도로 대별되며 기차 명칭은 나라마다 다르다. Inter-City 기차는 무궁화급에 해당되는데 자전거 휴대는 대부분의 나라에서 휴대가 허용된다. 떼제베와 같은 고속열차는 자전거 칸 티켓을 별도로 구매해야만 하는데 좌석이 그리 많지가 않다. 독일의 고속열차 ICE는 자전거 칸이 없어 휴대할 수가 없다. 지하철은 도시마다 다르겠지만 유럽 대부분의 지하철은 협궤 열차라서 휴대가 어려울 것으로 판단되지만, 일부 도시에서는 출퇴근 시간을 제외하고는 휴대가 가능하다고 한다.

유럽은 기차 교통망이 시골 구석구석까지 연결되어 있어 기상조건 등 다양한 사유로 일정 변경이 필요한 경우에 수시로 기차를 이용할 수가 있다.

2. 코스 선정에 대하여

먼저 코스 선정과 관련하여 필자의 경험담을 얘기하고자 한다.

1차 북유럽 여행 시에는 유럽 자전거 여행이 처음이라 충분한 사전 지식 없이 덤벼들다 보니 코스 결정에 있어 큰 구도 없이 현지에서 즉흥적으로 결정하여 진행된 감이 없지 않았다.

5년 후에 다시 간 2차 유럽 여행은 스페인의 산티아고 순례길을 포함해서 주로 유럽의 남쪽을 향했는데 1차 때의 경험을 바탕으로 보다 아름다운 코스로 짜임새 있게 다녀올 수 있었다. 이와 같이 사전에 체계적인 정보와 참고자료를 수집할 수 있으면 시행착오를 크게 줄일 수 있겠다는 생각에 이르렀다. 이 책을 쓰게 된 가장 큰 이유도 유럽 자전거여행을 계획하고 있는 사람들한테 코스 선정 시 조금이라도 도움이 되는 정보를 제공하여 시행착오를 최소화 하고픈 마음에서 시작하였다.

우선 유럽의 자전거 도로망인 유로벨로(Euro Velo)를 잘 연구해 볼 필요가 있다. 유럽대륙 전역에 걸쳐 광범위하게 짜여져 있어서 이를 잘 이용하면 여행 계획 수립을 위한 전체적인 큰 그림을 쉽게 그릴 수 있다. 유로벨로 외에도 자전거로 갈 수 있는 다양한 여행코스가 조성되어 있어 개인적인 취향에 따라 유로벨로와 연계하여 짜임새 있는 여행 계획을 수립할 수 있을 것이다.

유럽 대부분의 나라에서는 자전거길 표시가 잘되어 있고 유로벨로 표지판
또한 쉽게 발견할 수가 있다. 파란색안에 유로벨 번호가 표시되어 있다.

하지만 유로벨로가 만능은 아니다. 공식적으로는 2020년까지 유로벨로 전 구간이 완공 예정이었으나 나라와 지역별로 진행 상황이 매우 다르기 때문이다. 예를 들면 프랑스의 르와르 강변 길 같은 경우는 자전거길 표지가 우리나라 4대강 자전거길 정도로 잘 되어 있지만, 어떤 지역은 표지판이 거의 눈에 띄지도 않는 지역도 있다. 그리고 이상하다고 생각이 드는 것은 유로벨로 자전거길이 구글 맵이나 맵스미에 전혀 수록이 안 되어 있다는 사실이다. 따라서 유로벨로를 따라가는 경우에는 가급적이면 유로벨로 표지판을 따라가는 것이 편할 때가 많았다.

마지막으로 자전거 여행 코스를 설계하는 데 있어서 최우선적으로 고려해야 할 사항은 개인의 체력 수준이다. 특히 동반자가 있는 경우에는 팀원들의 개인적인 취향과 체력 수준 등을 고려해서 조화로운 여행계획을 수립하여야 할 것이다. 그리고 각자의 취향에 따라 다르겠지만, 장거리 해외 여행시에는 기록 경기하듯이 보다 빨리, 보다 멀리 라이딩을 하려는 것은 지양해야 한다고 생각한다. 특히, 유럽여행은 최소 2주가 넘는 장거리 여행이기 때문에 계속되는 라이딩으로 피로가 누적되어 집중력이 떨어지기 쉽고, 따라서 사고로 이어질 가능성이 높아지기 마련이다. 자전거여행은 즐기러 가는 것이다. 죽어라 페달만 밟아 대지 말고 음악을 들으며 좌우를 돌아보는 여유를 갖는 것이 더 기억에 남는 여행을 하는 것이라고 생각한다.

3. 유로벨로(EuroVelo)

1995년부터 UEC(European Cycling Union)가 중심이 되어 진행된 유로벨로 프로젝트는 2020년 완공 예정으로 총 15개의 루트가 있다. 현재 건설 중인

자전거 도로도 있고 기완성된 구간도 있는데 완공 시 자전거 도로의 총 길이는 70,000km에 육박한다고 한다. 아래 설명은 매일경제 기사에서 발췌하였으며 유로벨로에 대해 전반적인 소개를 하고 있다.

유로벨로를 이용해 유럽 여행을 하려면 루트의 특성을 파악하는 게 중요하다.

1번은 대서양 연안 국도변을 달리는 노선이다. 노르웨이의 장엄한 피오르드, 야생의 아일랜드 해안선, 포르투갈 해변을 포함, 총 9,100km에 이른다.

2번은 아일랜드의 갈웨이를 출발, 더블린 - 런던 - 덴마크 - 베를린 - 포츠난, 그리고 민스크를 거쳐 모스크바로 이어지는 5,500km 루트다.

3번 코스는 유럽의 유적지를 좋아하는 사람들이 살펴볼 만한 루트다. 약 5,100km에 이르는 이 길은 기독교 중심의 순례자 족적을 따라갈 수 있는 코스로 쾰른, 아헨 및 산티아고데 콤포스텔라의 대성당을 비롯하여 대륙에서 가장 인상적인 종교 건축물들을 만날 수 있다. 노르웨이 트론드하임에서 출발, 수도 오슬로 - 예테보리 - 올보르그 - 함부르크 - 브레멘 - 쾰른 - 파리 등을 거쳐 산티아고 순례길 종착지까지 이어진다.

4번은 중부 유럽을 달리는 루트이다. 프랑스 - 벨기에 - 네덜란드 - 독일 - 체코 - 폴란드 - 우크라이나로 이어지는 이 노선에서는 건축, 자연, 도시, 문명 모두를 만날 수 있다.

5번 코스는 런던 도버해협을 건너 부뤼셀, 룩셈부르크, 바젤, 밀라노를 지나 로마까지 그리고 브린디시까지 이어지는 3,900km 여정 속에는 해발 2,106m의 고타르 St. Gotthard Pass 고개가 있다. 이 루트에서 만나는 룩셈부르크와 투스카니는 여행 후에도 평생 지워지지 않는 아름다운 여행지로 기억될 것이다.

6번 루트는 르와르, 다뉴브 등 유럽의 강변을 달리는 자전거길이다. 프랑스 - 스위스 - 독일 - 오스트리아 - 슬로바키아 - 헝가리 - 크로아티아 - 세르비아 - 루마니아 - 불가리아 등 중부, 동유럽의 평화로운 강변과 오래된 유럽의 풍경은 달리는 내내 여행자의 감성을 자극하고도 남는다.

7번은 노르웨이의 노르캅을 출발, 베를린 - 프라하를 지나 로마 - 나폴리 - 카타니아 - 발레타 등 지중해를 목적지로 달리는 7,400km의 길고 긴 여정이다.

8번은 지중해 연안을 달리는 코스다. 스페인 남서부 안달루시아 지방의 카디스와 엘체 - 바르셀로나 - 프랑스 베지에 - 니스 - 이탈리아 토리노 - 베네치아 - 크로아티아 리예카 - 두브로브니크 등을 지나 키프로스 지역을 잇는, 반짝이는 지중해에 흠뻑 빠져들 수밖에 없는 5,900km의 대장정이다.

9번은 발트해와 아드리아해를 잇는 1,900km의 비교적 짧은 노선이다. 폴란드 - 체코 - 오스트리아 - 슬로베니아 - 이탈리아 - 크로아티아로 연결된다.

10번은 발트해 순환 코스. 스톡홀름 - 투르쿠 - 헬싱키 - 상트페테르부르크 - 탈린 - 리가 - 뤼베크 - 그리고 자전거 천국의 원조 코펜하겐 등 유럽의 깊고 먼 풍경을 만날 수 있는 루트다.

11번 동유럽 루트는 노르웨이 (거의)최북단 노르캅을 출발(또는 도착) - 핀란드 - 에스토니아 - 라트비아 - 리투아니아 - 폴란드 - 슬로바키아 - 헝가리 - 세르비아 - 마케도니아를 지나 그리스 수도 아테네로 이어지는 6,000km의 루트로, 일명 동양의 괴물로 불리기도 한다.

12번은 노르웨이의 베르겐에서 출발, 산맥을 넘어 오슬로 - 예테보리 - 함부르크 - 암스테르담 - 벨기에 오스텐데를 넘어 영국의 에딘버러까지 가는 5,900km 여정이다.

13번 루트는 무려 1만400여 km의 코스로서 구소련이 조성했던 유럽의 흑역사, 철의 장막을 따라 노르웨이, 핀란드, 당사국 러시아, 슬로바키아, 폴란드, 독일의 문화유산 속을 질주할 수 있다.

15번은 라인강 루트. 상류인 스위스의 안데르마트에서 로테르담으로 이어지는 1,233km 구간이다.

마지막으로 17번은 15번 출발점과 같은 안데르마트에서 프랑스의 리옹 등을 지나 프로방스 원조 지역 몽펠리에, 마르세유 지역으로 이어지는 최신 개척 루트이다.

4. 코스별 탐방기

첨부한 지도상의 코스 경로는 최대한 본래의 코스대로 표시하였고 필자가 실제로 다닌 경로와는 일부 상이하다.

1) 스칸디나비아반도 코스

노르웨이 오슬로(Oslo)에서 출발하여 스웨덴 말뫼(Malmo)까지 내륙 찻길을 따라 내려오는 약 600Km 정도 되는 코스이다. 자전거전용도로가 별로 없어 주로 자동찻길을 따라 남하하며 차량은 그리 많지 않으나 업다운이 많은 편이다. 노르웨이 내륙의 울창한 전나무 숲속으로 이어진 라이딩 코스가 가장 인상적이며 캠핑장이 많지는 않지만 100Km 내에 두세 개씩 찾을 수 있어 캠핑 여행하는 데는 큰 어려움이 없었다. 백야를 보기 위해 베르겐으로 기차를 타고 가서 관광을 하고 왔는데 워낙 물가가 비싼 나라다 보니 베르겐 관광은 가성비가 떨어지는 코스라고 할 수 있겠다. 유로화가 통용이 안 되고 노르웨이 크로네, 스웨덴 크로네를 따로 환전해야 한다. (2014년 여행 당시에는 노르웨이 크로네 환율이 엄청 높았으나 최근에는 많이 하락한 듯함.)

말뫼(Malmo)나 예테보리(Goteborg)에서 고속버스로 긴 다리를 건너서 덴마크 코펜하겐(Copenhagen) 으로 갈 수 있다.

스칸디나비아 코스는 노르웨이 내륙의 울창한 전나무 숲속으로
이어지는 라이딩 코스가 가장 인상적이다.

2) 독일과 네덜란드의 대서양 연안 코스

덴마크 코펜하겐(Copenhagen)에서 독일로 넘어오는데 육로로 올 수도 있고 덴마크 로드비하운(Rodbyhavn) 항에서 독일의 히만(Fehmarn) 항을 건너가는 대형 페리선을 타고 건너는 방법도 있다. 함부르크를 거쳐 네덜란드의 대서양변을 따라가다가 35Km 길이의 압술루트 방조제(Afsluitdijk)를 넘어 암스테르담으로 연결되는 코스도 무난한 코스라고 생각이 든다(약 800Km). 업다운이 별로 없고 주변 풍경도 한가롭고 다양한 모습들이라서 자전거 캠핑 여행 코스로는 최적이라고 할 수 있겠다. 그 유명한 네덜란드의 운하를 자주 접하게 되는데 운하와 나란한 옆길을 따라 한없이 달려 보기도 하고 목장길 따라가다가

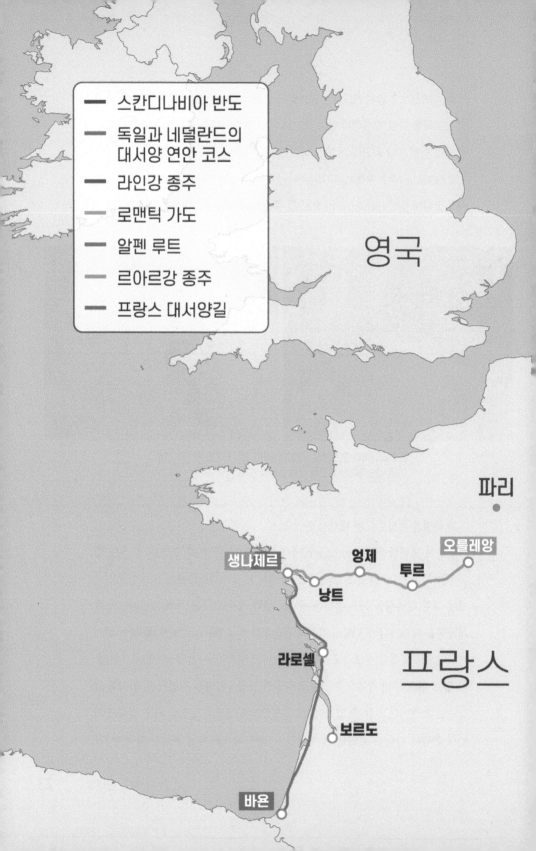

소똥 냄새에 머리가 지끈거리기도 한 코스라 기억에 많이 남는다. 자전거 캠핑 족들과 자주 만나게 되며 캠핑장 찾기는 너무 쉽다. 덴마크에서도 역시 유로화 가 유통이 안 되고 덴마크 크로네로 환전해야 한다.

계속해서 남서쪽으로 진행하면 로테르담, 브뤼셀 등을 거쳐 벨기에, 프랑스로 넘어 갈 수도 있지만 대도시를 자주 지나는 것은 그리 반갑지만은 않을 것 같다.

대서양 연안코스는 업다운이 별로 없고 주변 풍경이 한가롭고 다양한 모습들이라서 자전거 캠핑 여행 코스로는 최적이라고 할 수 있겠다. 네덜란드의 운하와 나란한 옆길을 따라 한없이 달려 보기도 하고 목장길 따라가다가 소똥 냄새에 머리가 지끈 거리기도 한 코스라 기억에 많이 남는다.

3) 라인강 종주

유럽이나 우리나라나 자전거 코스는 강 따라가는 것이 가장 무난한 코스인 것 같다. 라인강은 스위스 보덴 저수지(Bodensee) 변에 있는 콘스탄츠라는 도 시에서 시작해서 네덜란드 로테르담까지 1,320Km 길이의 장강이다. 하류에서 올라갈 때는 로테르담 근처의 하류 지역이 여러 갈래로 강이 갈라져 있고 도시 들도 많아 기차로 점프해서 뒤셀도르프나 쾰른에서 출발하는 것도 좋을 것 같 다. 반대로 상류에서 내려올 때는 스위스 콘스탄츠에서 출발해도 좋고 130Km

정도 내려와서 바젤에서 출발해도 좋을 것 같다. 라인강 종주의 장점은 강변 따라 유서 깊은 도시들과 작지만 예쁜 마을들을 자주 지나치게 된다. 로렐라이 언덕과 어마어마한 쾰른 대성당을 만나게 되고 옛 서독의 수도 본, 황태자의 첫사랑 하면 떠오르는 하이델베르크, 천년 고도 프라이부르크, 프랑스의 스트라스부르, 시내 한복판에서 세 나라 국경이 만나는 바젤 등 볼거리와 얘깃거리가 풍성하다. 자전거도로 상태는 비포장도로가 있기는 하지만 아주 양호하다고 할 수 있으며 캠핑장 또한 쉽게 찾을 수 있다.

라인강 종주코스는 강변 따라 유서 깊은 도시들과 작지만 예쁜 마을들을 자주 지나게 된다. 로렐라이 언덕, 쾰른 대성당, 옛 서독의 수도 본, 황태자의 첫사랑 하면 떠오르는 하이델베르크, 천년 고도 프라이부르크, 프랑스의 스트라스부르, 시내 한복판에서 세 나라 국경이 만나는 바젤 등 볼거리와 얘깃거리가 풍성하다.

라인강 상류에서 시작하려면 스위스 취리히로 들어가서 라이딩을 시작해도 좋을 듯하다. 취리히에서 자전거로 80Km 가면 루체른에 도달할 수가 있는데 바젤까지 100Km 정도 더 가면 라인강이 시작된다. 자전거전용도로는 따로 없어도 찻길에 노견도 넓고 시골길 따라가면 큰 문제가 없을 것으로 생각된다. 무엇보다도 스위스는 자전거에 대해서 무척 우호적이기 때문에 이런 기회에 스위스를 돌아보는 것도 좋을 듯하다.

라인강 중간쯤에서 마인강을 만나게 되는데 마인강을 40 Km 정도 거슬러 올라 가면 프랑크푸르트이다. 유럽국가 중에서 독일이 물가가 싼 편이라 대개의 경우 유럽 여행 시 프랑크푸르트를 거점으로 삼아 여행계획을 작성하는 것이 유리하다고 할 수 있다.

4) 로맨틱 가도

로맨틱 가도(독일어: Romantische Straße 로만티셰 슈트라세])는 독일 남부 뷔르츠부르크와 퓌센을 연결하는 도로로 길이는 약 350km이다.

'로맨틱 가도'라는 이름은 고대 로마 시대에 로마인들이 만든 가도라는 데서 유래된 것이라 한다. 어이없게도 필자는 "로맨틱"이라는 단어 때문에 아름답고 환상적인 관광 도로로 생각하고 자전거로 달려보고 싶은 충동에 아무 생각 없이 뷔르츠부르크로 가서 로맨틱 가도를 출발했다. 하지만 독일 남부지방은 알프스와 가까워서 업다운이 심할 뿐만 아니라 천 년 전에 형성된 도시들이라 그런지 마을들이 모두 산 위에 자리 잡고 있어서 자전거 여행 코스로서는 어울리

로맨틱 가도는 천 년이 넘는 오래된 마을과 도시를 이어가는 코스라서 작고 이쁜 마을 들을 자주 만나게 된다. 나름 운치가 있고 재미있는 코스이기는 하지만, 마을들이 대부분 산 위에 있고 자전거 주행 환경이 좋지가 않아서 자전거 여행 코스로서는 추천할만한 코스라고는 할 수 없겠다.

지 않는 코스라고 할 수 있겠다. 자전거도로도 조성이 잘 되어 있지가 않아서 대부분 자동차길 노견으로 다녀야만 했다. 가보지는 않았지만, 서쪽 만하임부터 동쪽 텐부르크(Rothenburg)까지 이어지는 고성 가도도 비슷한 상황이 아니까 생각이 든다.

5) 알펜 가도(Alpen Straβe)

알펜 가도는 오스트리아 잘츠부르크에서 출발하여 히틀러의 여름별장으로 유명한 베르히테스가덴, 동계올림픽 개최지인 가르미슈-파르텐키르헨, '백조의 성'으로 유명한 노이슈반스타인성이 있는 퓌센, 바다 같은 보덴호수(Dondensee)의 호반 도시 린다우(Lindau)까지 이어진다. 이 코스는 약 500Km의 자동차길 위주의 알프스 둘레길이라고 할 수 있다. 물론 자전거로도 주파가 가능하지만 자전거 전용도로로만 이어지지 않고 임도 같은 산길로도 가고 시골길 따라 마을과 마을을 지나기도 하고 찻길 노견으로 가야 할 상황도 자주 만나게 된다. 따라서 이 코스는 캠핑보다는 배낭 하나 메고 호텔에서 자면서 라이딩하는 편이 좋을 듯하다. 필자는 짐이 많은 관계로 잘츠부르크 출발 후 몇 군데 높은 지역을 우회하며 전진하였는데 그래도 힘든 여정이었다. 하지만 사진에서 보듯이 알프스 산자락의 그림 같은 마을들과 삐죽삐죽 솟은 알프스의 봉우리들, 그리고 너무나 이국적인 호수들 하며 평생 잊지 못할 풍경들을 감상할 수 있는 코스라고 할 수 있다.

특히 가르미슈-파르텐키르헨에 가면 독일에서 가장 높은 산인 츄크슈피체 (Zugspitz, 2,962m, http://www.zugspitze.de)의 장엄한 산세에 압도당할 수밖에 없을 것이다. Zugspitze산군은 흰색의 석회암으로 형성된 기암괴석의 절벽으로 이루어져 있으며 그 사이사이로 침엽수가 울창하게 자라는 모습은 가히 장관이라 할 수 있을 것이다.

알프스 산자락의 그림 같은 마을들과 삐죽삐죽 솟은 알프스의
봉우리들, 그리고 너무나 이국적인 호수들 하며 평생 잊지 못할
풍경들을 감상할 수 있는 코스라고 할 수 있다. 특히 가르미슈-
파르텐키르헨에 가면 독일에서 가장 높은 산인 츄크슈피체의
장엄한 산세에 압도당할 수밖에 없을 것이다.

코스 설계는 위에서 언급한 도시들을 기점으로 구글맵을 검색해보면 자전
거길이 녹색으로 표시되어 있는데 계속 이어져 있지가 않으므로 농로나 차도를
이용하여야 한다. 일정상 알펜 가도를 풀코스로 뛰기 어려운 경우에는 아래와
같이 단축코스로라도 시도해서 알펜 가도의 진수를 만끽해 보기를 추천한다.

뮌헨에서 기차를 타고 랭그러스(Lengglies)에 와서 라이딩을 시작해서 가르

미슈-파르텐키르헨을 거쳐 퓌센에 도착 후 기차로 뮌헨으로 귀환하는 방법도 있다. 또는 퓌센에서 보덴호수 변의 린다우까지 가서 호수 변을 따라 반대편으로 가면 콘스탄츠가 되므로 거기서부터 라인강 종주를 시작해도 좋을 듯하다.

6) 르아르강 종주

프랑스 내륙을 관통하는 르아르강은 프랑스에서 가장 긴 하천으로 총 길이는 1,013Km에 이른다. 대서양 바다에서 시작된 자전거길은 르아르강의 계곡을 따라가면서 천혜의 자연미를 만끽할 수 있으며 강변의 작은 마을들과 아름다운 고성(古城) 들이 어우러져 자전거 여행객들은 프랑스의 매력에 푹 빠져들 수밖에 없을 것이다.

르아르강변을 따라 달리다 보면 천혜의 자연미를 만끽할 수 있으며 강변의 작은 마을들과 아름다운 고성(古城) 들이 어우러져 자전거 여행객들은 프랑스의 매력에 푹 빠져들 수밖에 없을 것이다.

제1단계 자전거 길 (생나제르(Saint-Nazaraire)에서 오를레앙까지)

EV 6 자전거 도로의 제1단계 길은 대서양에 접한 도시인 프랑스 서부의 생나제르에서 시작해서 낭뜨를 거쳐 앙제, 소뮈르, 투르, 앙브와즈, 블르와, 오를레앙 등으로 이어진다. 전체 길이는 420Km에 이르는데 언덕이 거의 없이 강변 따라 작은 마을들을 이어 가기도 하고 포도밭과 밀밭을 한가운데를 가로질러 가기도 하는 등 한마디로 표현하면 "너무 이쁜 자전거길"이라고 표현하고 싶다, 비포장도로를 자주 만나게 되는데 운행하는데 전혀 지장이 없을 정도로 상태가 양호하며 자전거도로 표지판이 잘 되어 있어 우리나라 4대강 자전거길 만큼이나 관리가 잘 되어 있다. 구글맵에는 이 자전거길이 수록이 안 되어 있어 최단거리로만 안내하고 있으니 참조만 하고 무조건 표지판만 보고 갈 것을 권한다.

제2단계 자전거 길 (오를레앙에서 네베르까지)

오를레앙에서 네베르에 이르는 구간을 말하는데 총 180Km에 이른다고 한다. 계획상으로는 2020년에 유로벨로 자전거길이 모두 완공된다고 했으나 완공되었는지는 확인이 안되고 있다. 유로벨로6는 르와르강을 따라 스위스를 거쳐 다뉴브강으로 이어지며 흑해까지 가게 되어 있다. 따라서 자전거전용도로가 연결이 안 되어 있을 뿐이지 찻길 따라 농로 따라 갈 수는 있을 것으로 판단된다.

하지만 아직은 1단계 구간만 라이딩하는 것이 좋을 듯하며, 파리 시내 우스테리츠(Austeriz)역에서 기차를 타고 오를레앙까지 가서 라이딩을 시작하면 대서양변에 도착할 수가 있다. 대서양변을 따라 북쪽으로 올라가면 벨기에, 네덜란드, 독일 쪽으로 연결이 되고 남쪽으로 내려가면 보르도를 거쳐 스페인으로 들어가서 산티아고 순례길로 연결할 수가 있다.

7) 프랑스 대서양길

유로벨로 6번 길의 시작점인 생나제르(Saint-Nazaraire)에서 유로벨로 1번 길과 만나는데 필자는 남으로 내려가서 보르도를 경유하여 스페인으로 넘어갔다. 이 코스의 풍경 또한 아름답고 인상이 깊었다. 대서양의 아름다운 풍경은 하와이와 제주도를 합한 것보다 낫다고 탄성을 지르며 달리고는 했다. 업다운도 거의 없고 숲속 오솔길과 바닷가 길이 어우러져 라이딩을 즐기기에는 최상의 코스인 것 같다.

프랑스 대서양변의 아름다운 풍경은 하와이와 제주도를 합한 것보다 낫다고 탄성을 지르며 달리고는 했다. 업다운도 거의 없고 숲속 오솔길과 바닷가 길이 어우러져 라이딩을 즐기기에는 최상의 코스인 것 같다.

생장드몽(Saint-Jean-de-Monts) 르샤또돌론느(Le Chateau-d'Olonne) 라뜨헝슈슈흐메흐(La Tranche-sur-Mer)와 같은 우리에게는 전혀 생소한 휴양 도시들을 지나게 되는데, 도시 규모가 생각보다 크고 바닷가 백사장의 길이가 보통 5~6Km 정도로 장쾌하고 멋있는 풍경들이 이어진다. 프랑스 사람들은 굳이 지중해변을 찾을 필요가 없겠다는 생각이 들었다. 보르도 쪽으로 내려올수록 바다 보다는 끝도 없이 펼쳐진 지평선과 자주 접하게 된다. 구글맵에 의존하기 보다는 자전거도로 표지판이 잘 되어 있어 표지판을 따라가는 것이 더 좋았다. 시작점을 어디로 잡던 프랑스 대서양변을 따라서 칼레, 노르망디를 거쳐 벨기에, 네덜란드 쪽으로 코스를 잡아도 좋겠다는 생각이 든다.

  8) 산티아고 순례길

  이 코스는 트레킹 코스로도 잘 알려져 있는데 방송도 많이 탔고 다녀온 사람들이 많아 접할 수 있는 정보가 많을 것이다. 하지만 필자가 다녀온 코스 중에 다시 가고 싶은 코스 하나만 꼽으라면 단연 산티아고 순례길을 꼽을 것이다. 캠핑하기도 어렵고 언덕도 많고 찻길로 가야 하는 경우도 많았지만 잊지 못할 감동과 그 여운이 아직도 남아 있다. 눈감으면 끝도 없이 펼쳐진 광야의 지평선을 바라보며 하염없이 페달질하던 모습이 떠오르고는 한다. 이름 모를 작은 마을들과 여러 개의 유명 관광 도시들을 경유하다 보면 스페인은 참 대단한 나라구나 하고 새삼 느껴지기도 했다.

캠핑하기도 어렵고 언덕도 많고 찻길로 가야 하는 경우도 많았
지만 잊지 못할 감동과 그 여운이 아직도 남아 있다. 눈감으면
끝도 없이 펼쳐진 광야의 지평선을 바라보며 하염없이 페달질
하던 모습이 떠오르고는 한다.

산티아고 순례길은 네 가지 코스가 있다고 한다. 프랑스길, 스페인 은의 길,
포루투갈길 그리고 북쪽길 인데 대부분의 사람들이 가는 길은 프랑스길이고 나
머지 길은 두세 번째 여행 시에 선택하는 경우가 많다. 프랑스길은 생장삐에드
뽀흐(Saint-Jean-Pied-de-Port)에서 출발하여 산티아고(Santiago de Com-
postela)까지 가는 약 800Km의 여정인데 대부분 도보여행으로 가지만 최근에
는 자전거 코스로도 많이 각광을 받고 있다. 초반과 후반부가 언덕이 많아 힘들
다고 할 수 있는데 특히 첫날은 표고차 1,400미터를 올라 피레네 산맥을 넘어
야 된다. 찻길로 가면 28Km의 오르막길을 쉼 없이 올라가야 되고 산길로 가면
1/3 정도는 끌바를 해야 하는 힘든 첫날이 될 것이다. 도보 순례길은 대부분의
길이 비포장길이고 찻길과 나란한 경우도 많아 자전거는 굳이 비포장길을 타지
않고 찻길로 가는 경우가 많다. 다만 몇 군데는 산길을 타야 하는 명소가 있는
데 이런 코스의 비포장도로는 자갈길이 많아서 MTB 아니면 거의 불가능 하다
고 볼 수 있다. 따라서 타지역에서 일반 자전거도로로 여행하다가 산티아고 순
례길과 연결해서 여행하는 경우에는 도로 주행용 타이어를 산악용 타이어(최소

한 1.75 이상)로 교체해서 타는 것이 좋다. 참고로 다른 코스와 연계할 경우에 캠핑 장비 등 불필요한 짐을 출발점인 생장삐에드뽀흐 시내 우체국에서 소포로 목적지까지 짐을 보낼 수가 있으니 참고하기 바란다.

9) 포르투갈 대서양길

이 길은 포루투갈 제2 도시인 포르토(Porto)에서 수도인 리스본(Lisbon)까지 약 300Km의 코스로서 주로 대서양변을 따라서 달린다. 또한, 이 길은 산티아고 순례길 중 포르투갈 길이라 지칭되어 있는데 프랑스 길 처럼 풍광이나 순례길 정비가 잘 되어 있다고 볼 수는 없을 것 같다. 자전거길이 중간중간에 조성되어 있어 포르투갈 나름의 정취를 느껴 볼 수는 있으나 절반 정도는 자동찻길을 타야만 되는데 노견도 넓지 않고 교통량도 많아서 별로 권하고 싶지 않은 코스라고 할 수 있다.

자전거길이 중간중간에 조성되어 있어 포르투갈 나름의 정취를 느껴 볼 수는 있으나 절반 정도는 자동찻길을 타야만 되는데 자전거 주행 환경이 그리 좋다고는 할 수 없겠다.

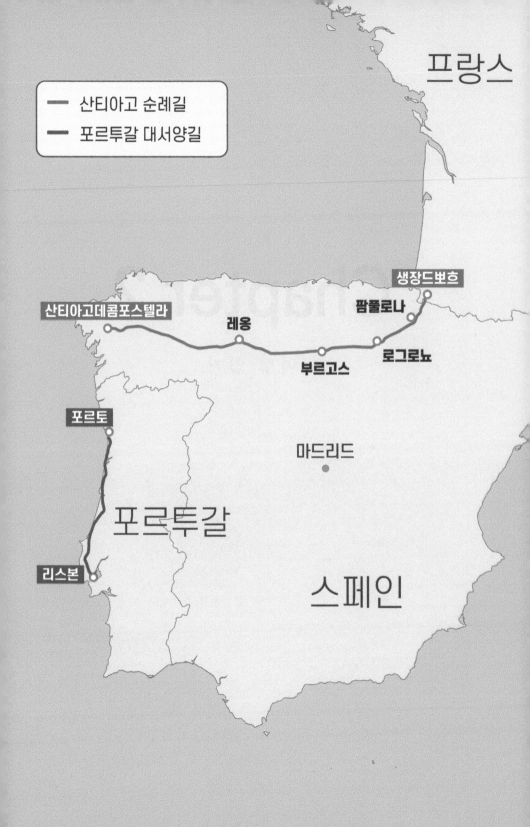

프랑스

산티아고 순례길
포르투갈 대서양길

생장드뽀흐

팜플로나

산티아고데콤포스텔라
레옹
로그로뇨
부르고스

포르토

마드리드

포르투갈

리스본

스페인

Chapter 2

여행 일지

나를 포함한 세 명의 친구들이 유럽 자전거 여행을 가자고 선뜻 나섰지만, 모든 면에서 너무 막연했다. 유럽 현지에서의 자전거 환경에 대한 정보도 부족했고, 제일 답답했던 점이 여행코스 선정이었다. 유럽에도 우리나라 4대강 길 같은 자전거도로가 있는지도 잘 몰랐고 유로벨로(Euro Velo) 라는 유럽의 거대한 자전거 도로망이 있다는 사실조차 모르고 일단은 가는 것으로 정했다.

마음이 바뀔까 봐 그리고 빨리 구매할수록 싸다고 해서 연초에 프랑크푸르트(Frankfurt) 행 왕복 비행기표부터 샀다. 그리고 나서 인터넷으로 정보를 훑어보니 단편적인 정보들은 많은데 코스 선정에는 크게 도움이 될 만한 자료를 찾지 못했다. 결국 유럽 자전거여행을 다녀오신 선배님 두세 분을 모시고 자문을 구했다. 그분들로부터 다양한 정보를 얻을 수 있었고 많은 의문점들을 해소할 수 있었다. 코스 선정과 관련하여 우리나라 4대강 코스를 연상하며 막연히 라인강 종주는 어떻겠냐는 우리의 질문에 한 달 내내 가기에는 좀 단순할 수도 있으니 북유럽을 시작점으로 해보는 것이 어떻겠냐는 답변이 있었다. 그래서 그 자리에서 노르웨이 오슬로를 출발점으로 결정했다. 지인을 통해 프랑크푸르트에서 오슬로로 가는 저가 항공편을 예매할 수 있었고 스케줄이며 수화물 연결도 해결되어 북유럽의 울창한 전나무숲을 자전거로 내달리는 상상을 하며 모두들 흡족해했다.

오슬로와 베르겐 관광

6월 25일 - 1일 차

인천공항에서 루프트한자 항공편으로 출발하여 프랑크푸르트에 저녁 7시에 도착해서 두 시간 기다린 후에 10:30 오슬로 행 비행기로 갈아탔다.

한밤중에 오슬로 공항에 도착해서 공항 대합실 한구석에서
자전거 조립을 하고 공항버스 첫차를 기다려야 했다.

새벽 1시 오슬로에 도착하니 한밤중이다. 공항 대합실 한구석에서 세 명이 자전거 조립을 하는데 나는 엠티비, 나머지 두 사람은 여행용 자전거를 가져갔는데 여행용 자전거는 조립할 때 애먹는 경우가 가끔가다 발생했다. 펜더(흙받이)가 분해조립을 하다 보면 바퀴와 닿기도 하고 조립할 때 라디오 펜치 같은 도구가 꼭 필요한데 마침 내가 가져온 걸 주니 둘이 너무 고마워했다. 새벽 4:30 공항

버스로(인당 50크로네, 한화 약 9천 원) 오슬로 시내에 들어가서 미리 예약한 호텔에서 숙박했다. 아침에 체크인하기는 난생처음이었다.

6월 26일 - 2일 차

공항버스로 새벽 5시쯤 오슬로 시내에 도착해서 사전에 예약한 호텔을 찾아가고 있다.

　새벽에 호텔에 들어와 잠깐 자고 9:30 기상 후 샌드위치로 조식을 해결했다. 　오늘은 오슬로 관광을 하고, 이왕 노르웨이까지 왔으니 베르겐을 가보자는 의견이 있어 순수 관광목적으로 내일부터 2박 3일간 베르겐에서 관광하고 오슬로로 다시 돌아와서 자전거여행을 시작하기로 했다.

　우선 미술관(뭉크) 관람 후, 시내 버스로 라이세이커(Lysaker)에 있는 TinTin 이라는 한국음식점을 찾아가서 김치찌개를(280크로네) 먹고 시내 구경을 했다. 오슬로 시내는 높은 현대식 빌딩은 별로 없고 고풍스러운 옛 건물이 주류를 이루고

그 유명한 뭉크의 작품 "절규"

있었다. 1인당 GDP가 세계 1~2등을 다투는 나라다 보니 물가가 상상을 초월했다. 시청 앞 중국집에서 식사를 하고(480크로네, 한화 약 82천 원) 나오는데 갑작스런 폭우가 쏟아졌다. 인근 카페에서 커피 한 잔씩 하며 비 오는 광경을 창밖으로 바라보고 있으려니 이국적인 맛도 나고 나름대로 운치가 있었다. 오슬로 시청과 대성당 관람을 하고 부슬부슬 내리는 비를 맞으며 호텔로 귀환했다.

아침 8시 15분에 오슬로역에서 베르겐 행 기차에 탑승해서 오후 3시에 도착했다. 거리상으로 6~7백Km는 되어 보이는 거리다. 자전거 거치 칸이 있고 자전거 티켓을 별도로 구매해야 하는데 값이 꽤 비싸다. 모두 합해서 3인에 약 2만 크로네 (한화 약 36만 원). 한여름에 가까운 6월 말에 차창 밖으로 보이는 눈 덮인 산야를 보니 여기가 북유럽이구나 하는 생각이 든다.

베르겐으로 가는 기차 안에서 바라본 6월 말의 북유럽 풍경

오슬로에서 약 6시간이 걸려 도착한 베르겐 기차역

일행 중의 한 명이 사전에 숙소를 예약했는데 첫째 날은 몬타나 유스호스텔 (Montana Vandrerhjem Bergen)에 예약을 할 수 있었지만, 둘째 날은 베르겐 시내 호텔을 다 뒤져도 빈방을 못 찾아서 현지에 가면 어떻게 해결되겠지 하는 마음으로 왔단다. 나중에 현지에 도착해서 안 사실이지만 주말에 축제가 있어 시내에 방이란 방은 모두 동이 나 있었다. 아무튼 역에서 내려 몬타나 유스호스텔을 한참 헤매다가 찾아 가보니 산 중턱에 자리 잡고 있어 긴 언덕길 끝바로 호되게 도착 신고를 마쳐야 했다.

몬타나 유스호스텔은 산 중턱에 자리 잡고 있어
긴 언덕길 끝바로 호된 도착 신고를 하여야 했다.

아직 밖이 환하니 자전거로 시내 투어 하러 내려가자고 한다. 언덕을 다시 올라올 생각을 하면 끔찍했지만, 우두커니 방 안에 있을 수도 없고 해서 자전거로 시내를 도니 손바닥만 한 도시라서 두어 시간이면 다 돌 정도였다. 노르웨이의 대표적인 음악가 그리그(Grieg) 동상도 있고, 오래된 성당이 여기저기 보였다. 겨울이 긴 도시라서 그런지 음산한 분위기가 느껴지기도 하였다. 여기까지 왔으니 수산시장에 들러 북해산 랍스터도 한번 먹어 봐야 한다고 호기를 부려보니 손바닥만 한 랍스터가 1000 크로네(한화 약 18만 원) 나 했다. 9시 넘어 호스텔에 왔는데 아직도 환해 시간을 가늠하지 못할 정도였다. 새벽 두세 시까지 환하니 이게 백야라는 거구나하고 느꼈다. 언덕 위의 호스텔에서 바라보는 백야의 시내 전경은 정

가격대비 너무 작은 랍스터를 말없이 바라보고
있어야만 했다.

상좌) 베르겐 시내 광장

상우) 노르웨이의 대표적인 음악가 '그리그' 동상

하좌) 몬타나 호스텔에서 바라본 백야의 베르겐
　　　시내 전경

6월 28일 － 4일 차

말 멋있었다.

　아침 7:30 유스호스텔 체크아웃하고 베르겐역으로 자전거를 몰고 가서 역사
내 라커에 짐 보관을 하니 자전거는 무료로 보관해 준단다. 역사 경비원이 젊고
잘생긴 청년인데 우리한테 아주 친절하게 대해주며 안내도 잘해주었다.

　오늘 묵을 숙소를 아직 못 구해서 찜찜했지만 일단 피오르드 관광을 하기로
했다. 유람선에 올라타서 피오르드 해안선을 따라 절경을 만끽하며 몇 시간을

피요르드 유람선에서 바라본 노르웨이의 리아스식 해안의 모습

보내고 나니 신선놀음을 하고 있는 듯했다.

　시내로 귀환 후 숙소를 알아보니 이날 호텔과 캠핑장이 모두 만석이란다. 아니 무슨 캠핑장이 만석이라고 텐트 몇 개 칠 장소도 없나 싶었는데 오늘 베르겐에 무슨 축제가 있단다. 기차 역사 안에서 침낭 깔고 자려고 했더니 아까 그 잘생긴 경비원이 와서 밤 10시에 역사를 잠그기 때문에 노숙을 할 수가 없다고 한다. 인근에 공원에서 캠핑이 가능하냐고 물었더니 시내 외곽에는 가능할지 모르겠으나 위험하다고 하며 안타까운 듯이 우리를 쳐다본다. 이럴 바엔 오늘 기차 타고 오슬로로 바로 가려니까 오후 3:59 기차 예매는 가능하나 다음날 예매한 07:59 기차표가 환불이 안 돼서 약 20만 kr (한화 약 36만 원)이 날아갈 판이었다. 아이디어를 짜낸 것이 일행 중 한 명이 성당에서 자원봉사도 많이 해서 카톨릭교회에 익숙하니 성당 몇 군데를 방문해서 잠만 자게 해달라고 신부에게 부탁해보자고 제안했다. 드디어 세 번째 방문한 성당에서 어렵사리 신부를 만나 사정했더니 쾌히 승낙해 주었다. 아침 10시에 피오르드 관광 후 숙소 구하느라 하루 종일 허비하고 저녁 6시쯤 돼서야 St Paul 성당 지하 기도실 입주에 성공한 것이다. 저녁 식사 후 9시에 성당으로 들어가서 안도의 숨을 내쉬며 취침할 수 있었다. 그렇게 지긋지긋했었던 베르겐이 갑자기 이쁘게 느껴졌다.

베르겐 기차역 대합실. 밤 10시에 문을 닫아 역사 안에서 노숙을 할 수 없었다.

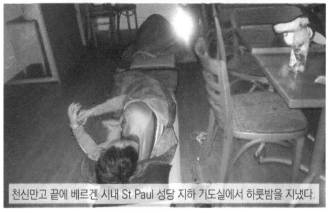

천신만고 끝에 베르겐 시내 St Paul 성당 지하 기도실에서 하룻밤을 지냈다.

금발의 노르웨이 아가씨로부터 저녁 식사 초대를 받다.

6월 29일 - 5일 차

  새벽 6시 감사한 마음을 안고 성당을 조용히 빠져나왔다. 베르겐 역사로 와서 라커에서 짐을 찾아 7:59 기차에 탑승, 오슬로로 향했다. 기차 안에서 남아프리카 노부부 두 쌍과 합석하여 그동안의 여행 일정을 주고받으며 즐거운 대화를 나누다 보니 어느덧 오슬로역에 도착했다. 역내 마트에서 돼지고기 야채 등 저녁거리 구입 후, 오후 4:10 출발해서모스(Moss)로 향했다. 이제부터가 진정한 자전거 여행의 시작이다.

  지도상으로는 캠핑장이 많았으나 이동 경로상에서는 찾지 못해서 무작정 가고 있었다. 20Km 쯤 가다 쉬고 있는데 미모의 금발 아가씨가 우리끼리 주고받는 한국어를 듣고는 너무 반갑게 대하며 다가왔다. 고려대 국제학부에서 1년간 유학 중이라며 자기를 소개하고 바로 며칠 전에 노르웨이에 귀국해서 오슬로에서 약 50Km 떨어진 아빠 집에 자전거로 가는 중이라고 했다. 한국에 대한 인상이 좋아 한국 사람을 만나면 너무 반갑단다. 휴대폰으로 아빠 허락을 받아 놓으니 같이 가면 맛있는 홍합요리를 해주겠다고 우리를 초대했다. 뭐에 홀린 것처럼 세 명의 라이더들은 그 아가씨 뒤꽁무니만 따라서 비포장도로도 마다하지 않고 오슬로에서 55Km 떨어진 전원주택에 저녁 8시에 도착했다. 그 아가씨의 아빠와 남동생이 우리를 반갑게 맞아 주었다. 마당 잔디밭에 텐트 치고 아빠 차로 우리 모두를 태우고 인근의 바닷가로 가더니 그 금발의 아가씨는 옷을 훌훌 벗고 수영복 차림으로 차가운 바닷물에 풍덩 들어가더니 홍합 채취에 여념이 없다. 보고만 있기 미안해서 나라도 돕는 척을 하려고 바지 걷고 물에 들어가 보니 뼛속까지 찡할 정도로 물이 차서 1분도 못 있고 튀어나왔다. 그 아가씨는 쉬지 않고 약 30분간 채취하더니 반 바스켓을 채워서 물 밖으로 나왔다. 대단하다고 하니 노르웨이 여자는 이 정도는 해야 한단다. 집에 와서 버터에 홍합을 볶아 빵에 먹으니 그렇게 맛있을 수가 없었다.

자전거여행 첫날 자전거길에서 우연히 만난 금발의 노르웨이 아가씨. 한국에 교환학생으로 왔다가 한국에 대한 인상이 너무 좋았다며 길에서 처음 만난 우리를 집으로 초대해 주었다.

6월 30일 - 6일 차

가족들에게 작별 인사를 한 후에 8:30 출발, 쏜(Son) 까지 비포장으로 한참 나와서야 자전거길을 찾을 수 있었다. 산길이고 오솔길이라 힘들게 25키로를 나와서야 자전거길을 만날 수가 있었고, 모스(Moss)에 도착하는 데 3시간이나 걸렸다.

노르웨이 아가씨 가족들과 작별 인사를 한 후, 쑨(Son) 까지 비포장으로
한참 나와서야 자전거길을 찾을 수 있었다.

모스(Moss) 시내가 생각보다 커서 외곽으로 나오는 중에, 길을 헤매다가 지
나가는 운전자에게 길을 물으니 외곽까지 자전거 속도에 맞춰 차로 안내해 주는
친절을 베풀어 주었다. 외곽 주유소에서 빵으로 점심을 해결하고 모스(Moss)에
서 30Km 달린 후, 사푸스보그(Sarpsborg) 도착하니 오후 4시다. 캠핑장도 마
땅치가 않아서 좀 무리라고 생각이 들었지만, 다시 35Km를 달려 할덴(Halden)

까지 가기로 했다. 예상보다 업힐이 많아 소조령 서너 개는 넘은 것 같았다. 할덴(Halden)은 스웨덴과의 국경도시이고 역사적인 요새가 있는 관광지이다. 모스(Moss)에서 118번 도로로 오다 21번 도로로 꺾어 들어오는데 낙타 등처럼 계속되는 업다운에 모두 탈진 상태가 되었다. 8시에 도착 후, 호텔을 알아보니 1600 크로네(한화 30만원 정도)란다. 너무 비싸서 포기하고 캠핑장을 수배하니 요새 꼭대기에 캠핑장이 있다고 한다. 약 500미터를 지친 상태에서 끌바하며 올라가니 기진맥진 상태가 됐다. 마침 Cabin(방갈로)가 있어 텐트를 치지 않고 편하게 쉬기로 했다. 밤 11시에 돼지고기와 야채로 저녁을 먹으며 맥주 한 잔씩을 하니 밤 12:30 에나 취침할 수 있었다.

할덴(Halden)까지의 길은 100키로가 넘는 길고도 힘든 길이었다.

노르웨이와 스웨덴의 국경도시인 할덴(Halden)에 있는 산 위의 캠핑장

노르웨이 국경도시 할덴에서 만난 한류 열풍

7월 1일 - 7일 차

오늘은 정비일로 정했다. 뒹굴거리다가 점심을 누룽지로 때우고 산책 삼아 요
새를 구경하러 올라갔다. 1905년 스웨덴과의 독립전쟁 유적지라고 한다. 과거
에 스웨덴과 끊임없는 전쟁의 역사가 있었고 여기 할덴(Halden)은 유명한 격전
지였다고 한다. 유적지에서 보는 도시 전경이 너무 평화롭고 아름다웠다.

할덴(Halden)은 요새로 구축되었으며, 스웨덴과의 격전지로도 유명하다고 한다.

쇼핑 겸 시내 구경하러 내려가서 여기저기 둘러보고 있으려니까 중학생 정도 되는 아가씨 서너 명이 한국에서 왔다니까 갑자기 길에서 강남스타일 말춤 추는 모습을 보고 한류의 힘에 뿌듯함을 느꼈다. 시내 구경을 하다가 갑작스러운 비를 만나 처마 밑에서 멍청히 내리는 비를 쳐다보고 있는데 젊은 부부가 차를 태워줘서 캠핑장까지 비 맞지 않고 올라올 수 있었다. 저녁은 있는 재료 몽땅 털어놓고 정체불명의 홍합 섞어찌게를 내어놓으니 생각보다는 괜찮았던지 모두 군소리 없이 배불리 먹었다.

중학생 정도 되는 아가씨 서너 명이 한국에서 왔다니까 갑자기 길에서 강남스타일 말춤 추는 모습을 보고 한류의 힘에 뿌듯함을 느꼈다.

오늘부터 스웨덴 말뫼(Malmoe)까지 470Km를 달려 버스를 타고 7.8Km짜리 다리를 건너 덴마크 코펜하겐으로 향할 계획이다.

노르웨이에서 스웨덴 국경을 통과하면서 울창한 숲과 호수를 가로질러 가야만 했다.

아침 6시에 출발하여 22번 국도를 따라 남하하기 시작했다. 울창한 전나무숲 사이를 한동안 달려가는데 여기저기 호수도 많고 경치도 좋은데 업다운이 심하다. 25Km 달려서 스웨덴 국경을 통과하는데 아무 표시도 없었다. 스웨덴에 들어오니 도로표시가 165번 도로로 이어지고 끝없는 전나무숲이 계속되면서 이국적인 자연의 모습에 매료되었다. 노르웨이에 비해 운전 매너가 안 좋았고 업다운이 계속되었지만, 높낮이가 점차 완만해져서 그나마 다행이었다. 출발 후 50Km를 달려 할레베즈홈(Hallevadsholm)에 12시쯤 도착했다. 시내 대형마트 앞에서 쭈그리고 앉아서 닭다리 튀김과 빵으로 점심을 먹고 있는데 갑자기 폭우가 내리기 시작하더니 한동안 기다려도 도무지 비가 그치지를 않는다. 마음이 급해 우의를 차려입고 출발했으나 바지가 불편해서 결국 우의 하의는 벗고 달려야 했다. 조그만 마을을 지나며 주유소에 들러 지도도 얻고 길을 물어서 Dingle을 거쳐 문케달(Munkedal)까지 오니 거의 탈진 상태다. 새로 난 E6 고속도로 옆으로 구 E6 도로가 있어 헷갈리기도 하고 차도 많을뿐더러 업힐도 계속이고 노면 상태도 노르웨이 같지가 않았다.

헤난(Henan)이 경관이 좋은 관광지라서 캠핑장이 많을 거라는 현지인의 정보에 Henan을 목표로 정하고 가는데 너무 멀어 무리라는 생각이 들었다. 헤라스테드(Herrestad)에 도착하니 6시가 넘었고 이미 100Km를 주행한 상태라서 25Km를 더 가야 하는 헤난(Henan)까지 간다는 것은 불가능해 보였다. 내일도 폭우가 계속된다고 해서 가까운 우데발라(Udevalla) 시내 모텔에 들어가기로 마음을 정했다. 그런데 길가는 사람한테 물어보니 인근에 캠핑장이 있고 거기에 캐빈이 있어 시내 호텔이나 캠핑을 안하고도 쉴 수가 있을 거란다. 680크로네(한화 약 10만 원)에 캐빈에서 숙박하기로 하고 저녁을 먹으니 너무들 피곤했었던지 저녁을 먹자마자 모두들 곯아떨어졌다.

7월 3일 - 9일 차

밤부터 비가 내리기 시작하더니 아침까지 계속 내리고 있었다. 하루 쉬자는 의견에 고민을 하다가 캠핑장 관리인에게 들으니 주말까지 계속 비 소식이라고 한다. 며칠 동안 머물 수도 없으니 버스로 스웨덴을 건너뛰고 코펜하겐으로 바로 점프하자는 의견이 나왔다. 모두 동의하여 우의 단단히 챙겨 입고 11시에 출발해서 우중 라이딩으로 헤라스테드(Herrestad) 시내에 있는 시외버스정거장을 목표로 출발하였다.

비 때문에 시야도 가리고 길이 복잡해서 고속도로로 잘못 들어가 되돌아 나오는 등 우여곡절 끝에 시외버스 간이 정류장을 겨우 찾아갈 수 있었다. 도착해보니 대여섯 명의 사람들이 기다리고 있어 자전거를 실어줄지도 불안했지만, 자

며칠 동안 비가 계속된다는 기상예보에 나머지 스웨덴 일정을 접고 가까운 시외버스정거장까지 우중 라이딩을 시작하였다.

전거 3대를 실을 공간이 과연 있을지도 염려되어 불안했다. 잠시 후 예테보리 (Goteborg) 행 시외버스가 도착했는데 자전거 3대를 모두 실을 수 있는 공간이 있어 너무 감사했다. 1시간 만에 예테보리에 도착하여 동일 버스터미널에서 코펜하겐 행 고속버스를 탑승하려니까 페달 핸들 다 분해하란다. 탑승 10분 전에 갑자기 자전거를 분해하라고 해서 서둘다가 그만 손가락을 다치고 말았다. 휴지로 지혈을 하고 있으려니까 7~8 세 되어 보이는 꼬마 아가씨가 내게 다가와 일회 반창고 몇 개를 내밀고 엄마한테 달려가는데 그 모습이 너무 이쁘고 고마웠다. 자리가 하나 부족해서 일행 중 한 명은 바닥에 앉아서 갈 수밖에 없었지만, 함께 갈 수 있어서 다행이었다. (120 +30/사람+자전거)(한화 약25천원/1인)

예테보리로 가는 버스에서 창밖으로 내다본 스웨덴 풍경

스웨덴과 덴마크를 연결하는 외레순(Oresundsbron)
다리를 넘어 코펜하겐으로 가고 있다.

　스웨덴 말뫼(Malmoe)와 덴마크 코펜하겐을 연결하는 외레순(Oresunds-
bron) 다리의 멋있는 풍광을 잔뜩 기대하며 차창 밖을 주시했지만, 비가 계속
내리고 있어 기대에 못 미쳐 아쉬웠다. 코펜하겐에 저녁 9시에 도착했는데 아직
도 환하다. 일행 중 한 명이 전화로 시내 가까운 유스호스텔을 수배해보니 Dan
Hostel이라는데 방은 있는데 10시까지 오란다. 시간이 촉박하여 시내를 허겁지
겁 달려서 도착하니 6인실이고 자전거는 따로 창고에 보관해 주었다. 밤 11시
에 공동취사장에서 빵으로 늦은 저녁 식사를 마치고 쉬고 있는데 마주 앉은 브
랜든이라는 미국 청년과 얘기가 시작되어 밤 1시까지 담소하며 시간을 보냈다.
자기가 사는 켄터키로 자전거 타러 오라고 제안했다.

코펜하겐에서의 휴식

7월 4일 - 10일 차

공동취사장에서 오랜만에 아침 식사를 여유롭게 즐기고 와이파이가 빵빵해서 그동안 밀린 카톡과 통신을 처리했다. 코인 세탁기에 밀린 빨래도 하고 (약 2만 원) 3시쯤에 자전거 끌고 코펜하겐 시내 관광을 나섰다. 거리는 매우 생동감 넘치고 관광객이 넘쳐나고 있었으며 마침 재즈 페스티벌이 있어 거리공연을 여기저기에서 볼 수 있었다. 시내 중국집을 찾아가니 샤브샤브 뷔페식 음식점이었는데 좀 비쌌으나 (180 크로네/1인 약 3만 2천 원) 아주 훌륭했다.

코펜하겐의 거리 모습.. 관광객이 넘쳐나고 생동감이 절로 느껴지는 분위기였다. 시내에서는 자전거 타기가 일상화되어 있어 거리 곳곳에 자전거가 눈에 자주 띄었다.

7월 5일 - 11일차

아침 식사 후 자전거에 짐을 꾸리는데 노부부가 지나가다 자기들도 자전거 여행을 자주 하는 독일인 부부라고 소개하면서 몇 가지 조언을 해 주었다. 우리 자전거를 보고 이렇게 좋은 자전거는 도난의 위험이 있으니 독일에 들어가면 3Kg 짜리 자물쇠를 사라고 강력히 추천했다. 그리고 대도시 진입할 때는 20~30Km 전방에서 기차를 탈 것을 신신당부하면서 그 이유를 설명하는데 외곽에서 대도시를 자전거로 들어가면 외곽의 우범지대를 통과해야 하는 경우도 있을 수 있고 무엇보다도 자전거에 짐이 많아 건널목 신호에 걸려 시간과 체력소모가 많단다. 너무 고마운 도움말이었다.

8:15 출발해서 151번 도로를 찾아서 계속 남하하다가 보르딩보르(Vording-borg) 20Km 전방에 캠핑장이 있어 야영했다(7유로/인). 오늘 75Km 주행했는데 길 상태는 처음에는 졸릴 정도로 평이했다. 50Km 지나서부터는 낮은 언덕이 계속되어 좀 힘들었지만, 스웨덴에 비해서는 양반이었다. 덴마크의 지형은 높은 산이 없어 평이한 풍광이 연속되어 지루한 감도 좀 있었다. 일행 중 한 명이 몸 상태가 안 좋아 보여 염려스러웠다.

코펜하겐 외곽으로 나와서 한적한 국도를 따라 남하하였다. 높은 산이 없다 보니 평이한 풍광이 연속되어 지루한 감도 있었다.

예보와 달리 밤새 비가 왔다. 저녁에 더워서 플라이 안치고 잤더니만 모기장으로 비가 새서 침낭이 젖어 밤새 추웠다. 침낭 커버가 어느 정도 방수가 된다는 것을 믿고 그냥 옷 껴입고 계속 자고 일어나니 텐트며 침낭이며 젖어서 말리느라 10시가 훨씬 넘어서야 출발할 수 있었다. 보르딩보르(Vordingborg)와 오와보드(Orehoved)를 잇는 다리가 있는데 다리 중간에서 보는 바다 풍경이 장관이었다. 한참을 사진 찍느라 지체하며 경치를 만끽하며 여유를 부렸다.

보르딩보르(Vordingborg) 와 오와보드(Orehoved)를 잇는 다리 중간에서 보는 바다 풍경은 장관이었다.

보르딩보르(Vordingborg) 와 오와보드(Orehoved)를 잇는 다리 중간에서 보는 바다 풍경은 장관이었다. 그런데 다리를 건너와서 둑방 위에 나 있는 자전거 도로를 달리고 있었는데 뒤따라오는 오토바이 팀이 약 열 명 정도가 지나가면서 선두에 선 나보고 빵빵대고 손가락질을 하길래 말로만 듣던 백인우월주의자들인 줄 알고 내심 무서웠지만 무시하고 계속 달리고 있었다. 그래도 뭔가 이상해서 멈춰서 뒤를 돌아보니 우리 일행 중 한 명이 안 보였다. 아하 !! 오토바이 친구들이 빵빵댄 이유를 알았다. 급히 되돌아 가보니 일행 한 명이 둑방 밑으로 4~5미터를 굴렀단다. 다행히 경사면에 풀이 많아 크게 다친 데는 없었지만, 큰일 날 뻔한 사고였다.

그 친구 자전거는 여행용 자전거를 새로 구입해서 가지고 왔는데 문제가 좀 있었다. 자전거 페달 조립 시 나사를 정확히 맞춰서 돌려야 되는데 정확히 안 맞은 상태에서 힘줘서 돌리니까 억지로 들어가며 나사산이 뭉개져 버렸다. 그런 상태에서 주행하다 보니 자꾸 페달이 빠져서 애를 먹었던 모양이다. 그리고 나중에 안 사실이지만 노르웨이 아가씨 집에서 큰길로 나올 때 도랑에 빠진 적이 있었는데 그때 앞바퀴 림이 살짝 휘었는데 인지를 못 하고 주행을 하다 보니 짐도 무겁고 하여 중심이 흔들렸던 것 같았다. 그리고 앞바퀴 물받이 펜더 조립이 까다로워 수시로 앞바퀴에 닿아 애를 먹었다.

어쨌거나 계속 달려서 굴드보그(Guldborg) 지나 삭스코빙(Sakskobing) 근처 캠핑장에 도착하여 캠핑했다. (11유로) 시설이 아주 좋았다. 55Km 주행함.

7월 7일 - 13일 차

일행들이 몸 상태가 안 좋아 휴식하기로 했다. 동네 슈퍼에서 소시지 베이컨 사다가 철판구이에 맥주 한 잔씩 걸치니 기분들이 좋아졌다. 삭스코빙(Sak-skobing)은 작은 시골 마을인데 한 바퀴 돌아 보니 조용하고 편의시설들이 깨끗하게 정비되어 있어 기분이 좋았다.

삭스코빙(Sakskobing) 근처의 캠핑장… 시설이 아주 좋았고
주위가 조용한 시골 마을 한가운데에 있었다.

기차도 실어 나르는 거대한 페리선을 타고 독일로 건너가다.

5시 기상 6:40에 출발하려는데 여행용 자전거가 또 말썽이다. 앞바퀴 펜더(흙받이)가 잘 고정이 안 되는 모양이다. 몇 가지 단점은 있지만, MTB에 짐받이 달아 여행하는 게 여행용 바이크보다 튼튼하고 더 좋은 것 같다. 로드비하운(Rodby-havn) 항구를 향해 10Km쯤 달리니 숲속 비포장 오솔길이 계속되는데 처음에는 시원하고 운치도 있어 사진 찍고 즐기며 오다가 20Km 넘게 달려도 끝이 안 보이니까 지루하고 힘이 들었다 .

숲속 비포장 오솔길이 계속되는데 처음에는 시원하고 운치도 있어 사진도 찍고 즐기며 오다가 20Km를 넘게 달리니 나중에는 지루하고 힘이 들었다.

덴마크의 로드비하운(Rodbyhavn) 항은 독일의 히만(Feh-
marn)항으로 건너가는 대형 페리선이 떠나는 항구이다. 배
가 엄청나게 커서 기차 몇 량을 통째로 배에 싣고 차량들과 함
께 승선한다.

　　로드비하운(Rodbyhavn) 항은 독일의 히만(Fehmarn)항으로 건너가는 대
형 페리선이 떠나는 항구이다. 도착하니 탑승 레인이 여러 줄이 있는데 안내인
도 없고 글씨도 못 읽어서 한참 헤매다가 사람들한테 물어서 맨 우측 가장자리
레인에서 기다리다 탈 수 있었다. 배가 엄청나게 커서 기차 몇 량을 통째로 배에
싣고 차량들과 함께 승선한다. (인당 120 덴마크 크로네, 한화 약 2만 3천 원)
흔들림도 없고 면세점 식당가 등 시설이 좋다. 40분쯤 후에 히만(Fehmarn)에
도착하니 독일이다. 나라가 바뀌니 거리 모양도 사뭇 달라 보이고 노인들이 자
주 눈에 띄어 영어로 말을 걸면 화를 내며 답변도 잘 안 해준다. 영어가 싫어서
그런지 영어를 못 해서 그런지 모르겠다.

페리선으로 독일로 들어와서 내륙으로 넘어오다가 길을 잘못 들어서 고속도로에 진입을 했다. 다행히 노견이 넓어 신나게 달리다가 고속도로 가드레일 옆으로 자전거길이 보였다. 얼마나 반가운지… 자전거를 한 대씩 가드레일 밖으로 넘기고 무사히 자전거길로 진입할 수 있었다.

히만(Fehmarn)도 섬이라서 육지와 긴 다리로 연결돼 있는데 다리 위에 자전거길이 있는지 없는지 지도상으로는 알 수가 없었다. 섬 중앙에 있는 마을에서 맥도날드로 점심 먹으며 물어보니 자전거길에 대해 아는 사람이 없었다. 길을 가며 물어물어 다리로 향하다 보니 어느덧 고속도로에 들어와서 헤매고 있었고 다행히 노견이 넓어 신나게 달렸다. 한참을 달리다가 저 멀리 다리가 보이는데 고속도로 가드레일 옆으로 자전거길이 보였다. 얼마나 반가운지… 자전거를 한 대씩 가드레일 밖으로 넘기고 무사히 자전거길로 진입할 수 있었다.

다리를 건너니 그로슨브로더(Grobenbrdode)에 도착해서 슈퍼에서 저녁 장을 보고 해안 길 따라 30Km 주행하여 다머(Dahme)에 오니 캠핑장이 많다. 관광지인 듯… 첫 번째 들른 캠핑장은 누드 캠핑장이라 옷 안 벗는 사람은 3유로씩 더 내란다. 세 명이 모두 자신이 없는지 다른 데로 가자고 한다. 좀 더 가서 인당 6.5유로에 캠핑할 수 있었는데 시설이 좋지는 않았다. 독일은 북쪽만이 바다라서 여름휴가를 바다에서 보내려고 이곳을 많이 찾는가 보다. 휴가철이라 사람들도 많이 보인다. 저녁 식사로 돼지고기 삼겹살을 구워 먹는데 갑자기 비가 와서 텐트 안에서 쭈구리고 앉아 식사를 해야만 했다. 내 텐트가 밤새 비가 새면 안 되는데 하며 걱정이 앞섰다. 85Km 주행함.

7월 9일 - 15일 차

밤새 비가 오더니 아침에 그쳤다. 침수는 안 됐어도 모든 게 눅눅하다. 그래도 침낭 커버가 있어 침낭은 밤새 안녕이다. 침낭 커버 강추 !! 컵라면에 남은 밥 우겨 넣고 짐 말려가며 짐을 꾸리니 9:40에나 출발할 수 있었다. 다머(Dahme)시내를 빠져나오는데 일행 한 명이 사진 찍느라 뒤에 쳐져 기다리느라고 삼거리에서 선두를 놓쳤다. 뒤에 쳐진 두 사람이 바닷길 옆 둑방길로 한참을 가도 선두가 안 보였다. 바다 경치가 좋아 해수욕장도 몇 개 지나갔다.

전화료가 무서워 통화는 못 하고 문자로 몇 번 연락을 취해 봤으나 회답이 없어 할 수 없이 통화했더니 내륙 길로 가고 있단다. 그로미츠(Gromitz)라는 마을에서 만나기로 통화하고 약 5Km를 내륙 쪽으로 들어갔다. 우여곡절 끝에 만나니 제대로 쫓아 오지도 못하냐고 화를 내고 난리다. 다시는 선두 안 서겠단다. 사실은 선두에 선 사람이 뒷사람이 쫓아 오는지 확인하면서 달려야 되는데… 두 시간 이상을 허비하고 노이슈타트(Neustadt)라는 마을을 지나며 현지 유심칩을 사

선두와 헤어져서 뒤에 쳐진 두 사람이 바닷길 옆 둑방길로 한참을 가도 선두가 안 보였다. 바다 경치가 좋은 해수욕장도 몇 개 지났지만, 구경도 못 하고 그로미츠(Gromitz)라는 마을에서 어렵사리 만날 수가 있었다.

려 했으나 가격이 비싸서 포기했다. 아침에 출발도 늦은 데다가 도중에 시간 허비가 많아 오늘은 일정을 서둘러 마무리 짓기로 했다. 시내에서 마트에 들러 쇼핑하면서 제일 가까운 캠핑장에 알아보니 캐빈은 만실이고 요금도 비싸다. 할수 없이 캠핑을 하는데 1인당 15유로로 다소 비싼 편이다. 아마 독일은 지금이 휴가철의 절정기인 듯하다. 바게트빵과 야채에 컵라면 하나씩 안기니 저녁상이 풍성하다. 55Km 주행함. 5일째 연속으로 야영하니 피로가 쌓였다.

함부르크에서의 휴식

7월 10일 - 16일 차

아침 6시에 기상하니 다행히 밤새 비가 안 왔다. 바닥이 약간 습한 잔디밭인데 껍데기 없는 달팽이가 텐트 벽이나 바닥에 스멀스멀 기어 다닌다. 썩 유쾌하지가 않아서 좀 떨어진 데 자리 잡고 컵라면에 바게트빵으로 아침을 때웠다. 며칠간을 바닷가 따라 야영장을 다니는데 수영 한번 못하고 지나치게 되어 아쉬웠지만, 사진으로 대체할 수밖에 없었다.

구글맵에 자전거 모드가 없어 도보 모드로 따라가니 꼬불꼬불 비포장도로도 지나고 찻길도 지나게 된다. 어느 이름 모를 마을을 지나며 마을 광장에 있는 가게에서 콜라 한 잔을 마시고 있었다. 길가는 아줌마한테 여기가 어디냐고 물으니 라테카우(Ratekau)라는 마을이란다. 경치도 좋고 업다운이 없어 독일 시골의 상쾌한 숲길을 만끽하며 20여 Km를 즐기면서 라이딩을 할 수 있었다. 뤼벡(Lubeck) 중앙역에 도착해서 함부르크 행 기차를 알아보니 매 20분마다 기차가 있단다. 노부부의 권유대로 대도시 외곽에서는 기차를 타고 입성하기로 했다. (1인당 11유로 +자전거 3유로 정도) 기차가 넓고 사람도 별로 없어 자전거에 짐 실은 채로 탑승할 수 있었다.

노부부의 권유대로 대도시 외곽에서는 기차를 타고 입성
하기로 했다. 뤼벡(Lubeck) 중앙역에 도착해서 함부르
크 행 기차를 탔다.

약 40분 만에 함부르크 중앙역에 도착하니 사람이 너무 많고 혼잡해서 갑자
기 어리둥절해지고 갑자기 날이 더워진 것 같이 느껴졌다. 역 앞 광장에 있는 관
광안내센터에 의뢰해서 제일 좋다는 호스텔에 방을 잡으니 3인실에 110유로(
한화 약 16만 원).. 샤워 후 시내 구경 차 부두와 시청을 자전거로 한 바퀴 둘러
본 후 자전거 샵에 들러 1Kg 짜리 자물쇠도 구입하고 말썽 피우던 여행용 자전
거도 정비를 마쳤다. 그리고 한식당 "만남"을 물어물어 찾아가서 오랜만의 한
국음식으로 성대한 만찬을 즐겼다.

방에서 항구를 내려다보는 전망이 너무 좋았다. 호스텔이 시설도 좋고 분위
기도 너무 좋아 하루 더 있으려고 알아보니 6인실 도미토리밖에 없다고 한다.
내일 아침 10시에 체크아웃하고 짐을 잠시 보관시켰다가 오후 1시에 다시 와서
체크인할 수밖에 없었다.

7월 11일 - 17일 차

아침에 체크아웃하고 한인 슈퍼 가서 고추장과 쌀 등 식료품을 구입했다. 어
제 갔던 한식당에 다시 가서 짜장면 곱빼기로 점심을 먹고 호스텔 체크인을 다
시 마쳤다. 자전거로 시내 구경하며 여유 있는 시간을 보내며 휴식을 즐겼다. 햄
버거의 원조라는 "Jim Block"에 가서 햄버거로 저녁을 먹었는데 먹을 만은 했
으나 "우와!" 소리는 안 나왔다.

6인실에서 자니 다소 불편한 점은 있으나 그런대로 괜찮았다. (Jugendher-
berge Hamburg "Horner Rennbahn")

함부르크 시내 전경… 자전거로 시내 구경도 하고 여유 있는 시간을 보내며 휴식을 취했다.

7월 12일 - 18일 차

아침 6시에 기상하니 한 방에 같이 잔 사람들이 모두 일어나서 서로 조심하며 까치발로 조용조용 움직이고 있었다. 자전거에 짐을 싣고 8:20에 호스텔을 나섰다. 중앙역으로 가서 브레멘(Bremen)행 기차를 타고 1시간 남짓 가니 브레멘(Bremen) 역에 도착했다. 라이딩을 시작해서 5Km쯤 시내를 벗어나니 마침 중국식당이 눈에 띄어 점심을 먹었다. 유럽 여행에서 중국 식당은 항상 가성비와 음식 맛에서 실망시켜 본 적이 없다. 시내를 벗어나니 평지 길이고 운치 있는 숲속 길이 이어지며 상쾌한 라이딩을 만끽할 수 있었다. 45Km를 달리니 올덴보그(Oldenburg) 인근에 있는 Bavaria Hotel이라는 자그마한 호텔에 3인실을 수배하여 투숙했다. (조식 포함 90유로) 저녁식사 후 호텔 로비에서 맥주 한 잔하며 카운터에 있는 여종업원에게 인근 관광지에 대한 정보를 물으니 어찌나 성실히 답변해주는지 미안할 정도였다. 잠시 후에 여행 정보를 프린트해서 수십 장을 가져다주는데 너무 고지식하다고 느껴질 정도였다. 독일의 청년들은 정말로 성실하고 책임감이 투철하다는 인상을 받았다.

네덜란드의 운하를 따라 라이딩하는 맛이 매우 이국적이었다.

7월 13일 - 19일 차

독일에서 네덜란드로 넘어오면서 운하가 여기저기 연결되어 있어 운하를 따라 라이딩하는 맛이 매우 이국적으로 느껴졌다.

조식이 8시에 제공되어 9시나 돼서 출발할 수 있었다. 구글맵에서 자전거 모드가 없어 도보 모드로 따라가니 시골 오솔길이 너무 좋았다. 작은 운하가 여기저기 연결되어 운하를 따라 라이딩하는 맛이 매우 이국적이었다. 특히 쉴라이더길(Schleuder StraBe)의 오솔길은 매우 인상적이었으며 서양 풍경화에서나 자주 봄 직한 경치들이 계속되어 자주 멈출 수밖에 없었다. 이러한 풍경들을 아무리 사진으로 담아내려 해도 역부족이었다. 이런 데서는 그림을 그려보고 싶다는 생각이 문득 들었다. 운하와 나란히 뻗은 길들은 평평하고 운치가 있어 평균 시속 20Km를 넘 놓고 달리다 보니 어느새 55Km나 와있었다.

어느 시골 마을을 지나게 되었는데 야외식당에 여러 사람들이 식사를 하는 모습이 눈에 띄어 우리도 식당에 들러 식사를 주문했다. 피자와 스파게티를 시켰는데 너무 양이 많고 느끼해서 많이 남겼다. (36유로/3인) 역시 중식 아니면 한식이 무난하다. 식사 후 한 시간쯤 가다 보니 시커먼 먹구름이 갑자기 몰려와 순식간에 폭우가 쏟아지기 시작했다. 비를 피할 데가 없어 정신없이 달리기 시작했다. 다행히 얼마 안 가서 작은 농가 옆에 있는 창고를 발견하고 간신히 소나기를 피할 수 있었다.

시커먼 먹구름이 갑자기 몰려와 순식간에 폭우가 쏟아지기 시작했다. 다행히 얼마 안 가서 작은 농가 옆에 있는 창고로 뛰어 들어가서 간신히 소나기를 피할 수 있었다.

30분쯤 흘렀을까… 그 무서웠던 폭우가 언제 그랬냐는 듯이 갑자기 뚝 그쳤다. 비 그친 뒤 한 시간 정도 더 가니 어디가 국경인지도 모르게 이미 네덜란드로 넘어 와있었다. 네덜란드라고 막연히 알게 된 거는 아스팔트 노면 상태가 갑자기 나빠지기 시작해서 독일을 벗어난 것을 알아챘다. 얼마 안 가서 니우스반스(Nieuweschans) 초입에 마침 캠핑장이 있어 야영하기로 하였다. 도중에 슈퍼가 없어 쇼핑을 못 해서 저녁거리가 없다. 식량 보따리를 뒤지니 함부르크 한인 식당에서 얻어온 된장과 오뚜기 사골 우거짓국 하나를 찾아낼 수 있었다. 셋이 먹을 양이 안 되어 물을 많이 넣고 라면 스프도 한 숟갈 털어 넣고 끓였다. 하지만 이 정체불명의 된장국과 따끈한 흰쌀밥에 고추장에 비벼 먹으니 갑자기 천당에 온 느낌이 들었다. 옆에 캠핑하는 영국인 노부부(64세)와 얘기해보니 영국과 동일한 위도를 따라 세계 일주를 하고 있단다. 부부가 이미 캐나다를 자전거로 횡단했고 러시아 횡단을 지금 계획 중이란다. 자기 여행용 자전거를 자랑하길래 자세히 들여다보니 영락없는 골동품이다. 철차 수준이라 튼튼하기는 하겠지만 무거워 보이는데 안장은 고티나는 Brooks 가죽 안장이다. 자전거여행에 대해 한참 얘기하다 8시 취침.

옆에서 캠핑하는 영국인 노부부(64세)와 얘기해보니 영국과 동일한 위도를 따라 자전거로 세계 일주를 하고 있단다.

7월 14일 - 20일 차

아침거리도 없어 도중에 사 먹을 요량으로 밥도 안 먹고 7:10 출발했다. 시골이라 인터넷 접속이 쉽지 않아 구글맵이 작동이 잘 안 됐다. 팻말 보고 대충 가다가 어느 작은 마을에 들어와서야 겨우 잡혔다. 네덜란드는 주유소도 흔치 않고 상점들도 아침이라 문을 연 데를 찾을 수가 없었다. 길가에 주저앉아 며칠 묵은 바게뜨빵 조각으로 아침을 때웠다. 먹은 것도 시원치 않은 데다가 계속되는 역풍에 점점 지쳐왔다. 낙농국답게 젖소 목장이 계속 이어져서 지나치는 풍경은 평화롭고 한가로웠으나 바람에 지쳐 경치가 눈에 들어 오지도 않았다. 50Km 쯤 와서 뻬이즈(Peize)라는 마을에 도착했다. 마트에 들러 빵과 체리 등을 사다가 마트 주차장에 주저앉아 점심을 먹었다. 비도 간간히 내리고 역풍이 계속되어 모두들 지쳐가고 있었다. 시속 7~8Km의 주행 속도로 바람을 뚫고 젖소들이 노니는 들판을 두세 시간 동안 가로질러 갔다. 평소에 상상했던 한가롭고 평화로운 목장에 대한 이제까지의 환상이 머리가 지끈거릴 정도의 소똥 냄새로 산산이 부서져 버리고 말았다. 85Km쯤 왔을 때 드디어 목장 지대가 끝나고 캠핑장이 두 개가 나타났다. 비도 간간이 뿌리고 모두 지쳐있어 캠핑을 안 하고 캐빈을 빌리기로 했다 (인당 25유로) De Sieghorst 캠핑장. 저녁 식사는 된장국과 흰쌀밥을 고추장에 비벼 먹었다.

평소에 상상했던 한가롭고 평화로운 목장에 대한 이제까지의 환상이
머리가 지끈거릴 정도의 소똥 냄새로 산산이 부서져 버리고 말았다.

강풍을 뚫고 네덜란드의 명물 압술루트 방조제를 넘다.

오늘은 네덜란드의 명물 압술루트 방조제(Afsluitdijk)를 건너는 날이다. 총 길이가 32.5Km로 우리나라 새만금 방조제 다음으로 세계에서 두 번째로 긴 인공방조제라고 한다. 그러나 건설 시점이 1922~1932년으로 새만금 방조제보다 훨씬 오래전에 건설되어 역사적인 의미가 더 크다고 할 수 있겠다. 독일의 어느 캠핑장에서 혼자 자전거 여행하는 노인네가 여기를 꼭 통과하기를 추천한다고 해서 일부러 해안 쪽으로 둘러 온 것이다.

누룽지에 아침을 서둘러 챙겨 먹고 7:45분 출발했다. 어제 스네이크(Sneek) 까지 가려 했는데 계속되는 비바람으로 일정을 축소하는 바람에 오늘 방조제까지 가야 할 길이 아직도 많이 남았다. 35Km쯤 가니 스네이크(Sneek) 외곽에 도착했는데 이 도시가 생각보다 커서 외곽을 돌아 우회하기로 했다. 가다 보니 곳곳에 운하가 연결돼 있고 배가 왕래하는 것이 눈에 자주 띄었다. 바람이 심해서 배 타고 점프를 해보자는 잔꾀를 내서 대쉬해

스네이크(Sneek) 외곽을 돌아 우회하기로 했다. 역풍 때문에 너무 힘이 들어서 운하를 왕복하는 배를 빌려 타보려고 했으나 모두가 개인 소유 배라서 안 태워준다. 할 수 없이 느린 속도로라도 계속 진군할 수밖에 없었다.

보니 모두가 개인 소유 배라서 안 태워준단다.

할 수 없이 느린 속도로라도 계속 진군할 수밖에 없었다. 네덜란드 둑방길을 강추했던 캠핑장 노인을 속으로 원망하면서 바람을 뚫고 계속 나아갔다. 오후 1시쯤에 55Km 주행해서 볼스바드(Bolsward)에 도착하니 빗방울이 더욱더 굵어졌다. 비도 피할 겸 점심도 먹을 겸 마을 초입에 있는 조그만 스낵센터에서 간단한 식사를 했다.

압술루트 방조제 초입인 볼스바드(Bolsward)에 도착하니 빗방울이 더욱더 굵어졌다. 이미 55Km를 역풍을 뚫고 온 터라 모두 지쳐있어 잠시 망설였지만 오늘 넘어가기로 했다. 두 시에 출발 둑방길에 올라서니 이미 다리에 힘은 다 빠져 있었다.

마을이 꽤나 커서 자고 갈 데는 충분해 보였다. 비가 계속 오고 바람이 너무 세고 이미 55Km를 역풍을 뚫고 온 터라 모두 지쳐있어 잠시 망설였다. 서로 눈치를 보다 의견을 물어보니 오늘 넘어가자고 한다. 솔직히 너무 지쳐 있었고 바람도 세서 위험할 수도 있어 하루 쉬고 내일 건너면 좋겠다는 생각이 들었으나 할 수 없이 동의했다. 두 시에 출발 15Km쯤 더 가서 둑방길에 올라서니 이미 다리에 힘은 다 빠져 있었다. 비는 멎었으나 바람이 보통 심한 게 아니었다. 우

리는 평균 주행속도가 5~10Km 정도로 느린 데 반해 마주 오는 자전거족들은
뒤 바람에 가만히 있어도 자동으로 굴러왔다. 역풍 속을 뚫고 가는 자전거는 우
리들밖에 없었다. 두 친구가 50미터 정도 앞서가는데 아무리 쫓아가려 해도 거
리가 도무지 좁혀지지가 않았다. 오히려 100미터 이상 거리가 벌어져서 두 친
구가 원망스럽기까지 했다. 어째거나 중간 휴게소까지 15Km를 두 시간에 걸
쳐 주행했고 설립자 동상이 있는 다음 휴게소까지 8Km를 또 한 시간, 나머지
10Km를 또 한 시간을 더 가서 드디어 건너편 도시인 덴우버(Den Oever)에 도
착할 수 있었다.

비는 멎었으나 평균 주행속도가 5~10Km 정도로 바람이 보통 심한 게 아
니었다. 역풍 속을 뚫고 가는 자전거는 우리들 밖에 없었다. 중간 휴게소까
지 15Km를 두시 간에 걸쳐 주행했고 설립자 동상이 있는 다음 휴게소까지
8Km를 또 한 시간, 나머지 10Km를 또 한 시간을 더 가서 드디어 건너편
도시인 덴우버(Den Oever)에 도착할 수 있었다.

몇 시간 동안 강한 비바람을 맞으면서도 갈증이 심해서 시원한 생맥주가 눈
앞에 아른거렸다. 기진맥진해서 호텔을 수배하는데 모든 방이 만실이란다. 물
어물어 펜션이 하나 가용하다고 해서 가보니 100유로를 불러 한동안 망설였다.
방을 알아보러 동네를 헤매다가 우리처럼 자전거 여행 중인 어느 네덜란드 아

줌마를 만났는데 자기는 미리 예약을 하고 도착해서 문제가 없는데 100유로면 너무 비싸다고 여기저기 알아봐 주며 우리를 도와주었지만 허사였다. 선택의 여지가 없어 방을 잡고 짐을 풀자마자 동네 초입에 눈여겨 봐두었던 중국식당으로 가서 무사 횡단 자축연을 거하게 치렀다. 다리근육이 다 풀려서 걷는데 휘청거렸다. 110Km 주행.

암스테르담에서의 휴식

7월 16일 - 22일 차

　어제의 무리한 주행으로 뒹굴거리며 게으름을 피우다 10시가 넘어서야 출발

> 어제 호텔을 알아봐 주었던 네덜란드 아줌마가 자전거를 타고 뒤따라오다
> 가 우리와 다시 만나게 되었다. 자기는 수시로 시간 나면 네덜란드를 자전
> 거로 구석구석 돌아다닌단다.

했다. 오늘은 해안 따라서 호른(Hoorn)까지 40Km 가서 암스테르담 가는 기차
를 탈 예정이다. 허벅지가 무거워서 쉬엄쉬엄 진행했다. 내륙 길로 접어들어 시
골길을 따라 한동안 달리다 쉬고 있었다. 이때 어제 호텔을 알아봐 주었던 네덜
란드 아줌마가 자전거를 타고 뒤따라오다가 우리와 다시 만나게 되었다. 자기는
수시로 시간 나면 네덜란드를 자전거로 구석구석 돌아다닌단다.

　내륙으로 들어서니 길도 이쁘고 지나는 마을들이 너무 보기가 좋았다. 마을
광장에서 콜라 한 잔 들이켜며 여유도 부려보았다. 호른(Hoorn)에 도착해서 암
스테르담행 기차를 탑승하고 (42유로/3인) 30분쯤 되니 암스테르담 중앙역에

도착했다. 도시가 너무 복잡하
고 도심의 자전거길도 혼란스
러웠다. 관광안내 센터에 가서
쌈 직한 호스텔을 알아보니 상
담원의 답변이 너무 성의가 없
어 우리가 직접 몇 군데 전화해
서 겨우 적당한 호스텔을 수배
할 수 있었다. 90유로에 (1인
X 2일) 방 배정받고 인근 버거
킹에서 저녁 식사를 했다. 주변
이 온통 먹자골목이라 전 세계
음식들이 다 있는데 유독 한국
식당 만 없어서 못내 아쉬웠다.

암스텔담의 거리 모습들… 운하의 나라답게 시내 곳곳에 운하가 눈에 띠었다. 시내 중심가에 있는 먹자골목에는 전 세계 음식들이 다 모여 있는데 유독 한국식당만 없어서 못내 아쉬웠다.

7월 17일 - 23일 차

오늘 하루는 암스테르담에서 하루 휴식하며 시내 투어를 하기로 했지만, 편히 쉴 수가 없었다. 호스텔은 숙박비가 싸서 좋은데 이틀 묵으려면 반드시 오전에 체크 아웃 했다가 오후에 와서 다시 체크인해야 하는 번거로움이 있다. 30Kg이 넘는 짐을 꾸려서 삼층에서 낑낑대고 내려와서 체크 아웃 한 다음, 짐을 맡기고 시내를 돌아다니다가 오후 1시에 다시 와서 체크인하고 방 배정받아 무거운 짐 들고 계단을 다시 올라가야만 한다. 방은 8인실인데 남녀 혼성이라 여러모로 불편하다. 더워도 맘대로 옷을 벗을 수도 없고 밤에 움직일 때도 소리 나지 않게 조심해야 되는 등 신경 써야 될 일이 꽤 있기 때문이다.

앞으로의 일정을 논의한 결과, 일행 중 한 명이 일주일 후에 귀국해야 하므로 로테르담, 브뤼셀 등을 들러서 라인강 하류부터 프랑크푸르트까지 올라가기에는 시간이 너무 걸리고 대도시 주변은 가급적 피하는 것이 좋을 것 같아서 독일 쾰른까지 기차 타고 점프하기로 결정하였다.

점심은 어제 먹자골목에서 봐두었던 돼지갈비 무제한 리필 식당을 찾아가 생맥주를 곁들여 마음껏 포식했다 (일 인당 11유로). 자전거로 시내를 돌다가 어느 공원 벤치에 앉아 지도를 들여다보고 있노라니까 어느 네덜란드 아저씨가 여러 가지 정보를 주며 친절히 안내한다. 그 아저씨가 추천해 준 코스 중의 하나인 고흐 박물관에 가기로 하고 한참 동안 줄 서서 들어가 보니 볼만한 그림과 유품들이 많이 전시되어 있었다. 중앙역에 가서 내일 기차 시간과 자전기 탑승 가능 여부를 알아보니 ICE 급행열차가 10시에 있고 자전거는 따로 티켓을 사야 한단다. 기차역을 나오니 말로만 듣던 암스테르담의 사창가가 눈에 띄었다. Candy Dulfer의 "암스테르담의 여인"이라는 색소폰 연주곡이 떠올랐다. 암스테르담은 전반적으로 물가가 비싸고 관광객이 넘쳐난다. 전차길, 자동차길, 자전거길이 얽혀있어 어지러웠고 교통신호도 잘 안 지켜 다소 혼란스러운 느낌을 받았다.

쾰른에서 라인강과 만나다.

7월 18일 - 24일 차

아침에 중앙역에 가보니 ICE에는 자전거를 못 싣는다고 한다. 어제 물어본 창구직원이 잘못 알려준 것이다. Inter-City (완행열차)를 탈 수밖에 없다고 해서 티켓팅을 하고 보니 쾰른까지 가는데 세 번이나 갈아타야 했다. 저 무거운 자전거를 들고 오르내릴 것을 생각하니 아득했다. 영어가 잘 안 통해 물어물어 환승해 가며 우여곡절 끝에 저녁이 다 돼서야 쾰른에 도착할 수 있었다(5:30분 도

ICE에는 자전거를 못 싣는다고 해서 Inter-City (완행열차)를 탈 수밖에 없었는데 티켓팅을 하고 보니 쾰른까지 가는데 세 번이나 갈아타야 했다.

착). 기차 안에서 쾰른의 한인 민박을 알아보니 중앙역에서 좀 멀어서 포기하고 도착 후 관광안내소에서 저렴한 호텔을 추천받아 라인강변에 있는 Hayk Hotel 에서 70유로에 3인실을 얻을 수 있었다. 샤워 후 쾰른 대성당을 둘러보니 그 위용이 대단하다. 25년 전에 처음 유럽에 와서 이 성당을 보고 입을 다물지 못했던 기억이 새로웠다. 라인강변 노천카페에서 소시지와 돼지갈비에 생맥주 한 잔을 들이켜니 비로소 독일에 온 기분이 났다. 날씨가 점점 더워져 저녁에도 후끈한 바람이 분다. 내일 자전거 탈 일이 꿈만 같다.

독일 자전거 여행

25년 전에 처음 유럽에 와서 쾰른 대성당을 보고 입을 다물지 못했던 기억이 새로웠다. 라인강변 노천카페에서 소시지와 돼지갈비에 생맥주 한 잔을 들이켜니 비로소 독일에 온 기분이 났다.

25일 차 7/19 토

40Km 떨어진 듀셀도르프(Dusseldorf)를 갔다가 라인강 유람선으로 돌아오자는 제안이 있어서 쾰른에 하루 더 묵으려고 했는데 오늘 쾰른에 불꽃 축제가 있어 110만 명이 몰려온다고 한다. 호텔이 모두 만실이라 일단은 쾰른을 떠나기로 했다. 유럽의 도시들은 왜이리 축제들이 많은지… 도망치듯 아침 일찍 출발해서 구글 지도와 관계없이 철저히 강변을 따라가니 간혹 비포장도로가 있었지만, 경치도 좋고 숲속 길도 많아 라이딩할 맛이 났다 하지만 날씨도 덥고 역풍이라 입이 바작바작 타들어 갔다. 쉬엄쉬엄 30여Km를 가니 본(Bon) 이다. 통일 이전에 서독의 수도라 꽤 크고 깨끗이 정비되어 있었다. 시내로 좀 들어가서 아시안 푸드 식당가를 찾아가 점심을 마치고, 도중에 슈퍼가 없을 수도 있어서 아예 저녁거리 쇼핑을 하고 출발했다. 15Km쯤 가니 캠핑장이 두 개가 있는데 첫 번째는 나무가 너무 많아 답답해서 지나치니 이번엔 나무가 너무 없어 땡볕이다. 이미 네 시가 넘고 지쳐있어 여기서 멈추고 쉬기로 했다. 우선 맥주로 목을 축이

며 종업원과 얘기해 보니 건너편이 로렐라이 언덕이란다. 이상해서 확인해 보니 로렐라이 언덕은 한참 더 가야 나온단다. 컵라면에 밥 말아 먹음. 55Km 주행.

구글 지도와 관계없이 철저히 강변을 따라가니 경치도 좋고 숲속 길도 많아 라이딩 할 맛이 났다 하지만 날씨도 덥고 역풍이라 입이 바작바작 타들어 갔다.

7월 20일 - 26일 차

밤새 비가 와서 미적대다 다행히 아침에 비가 그쳐 10:20에 출발할 수 있었다. 강변 따라가니 풍광은 너무 좋은데 너무 돈다. 중간중간에 작은 마을들을 지나는데 밥 먹을 데가 마땅치 않아 슈퍼에 들러 간단히 점심을 해결하려 했지만, 오늘이 일요일이라 모든 상가가 문을 닫았다. 안더나크(Andernach)라는 마을을 지나는데 마침 버거킹이 보여 두 시가 넘어서 겨우 점심을 먹을 수 있었다. 오아시스를 만난 기분이었다. 식사 후에 부지런히 페달을 밟아 나가는데 캠핑장은 눈에 안 띄고 사람도 많아져서 텐트 칠 데도 마땅치 않았다. 마침 홀로 라이딩하는 독일 아줌마가 있어 캠핑장이 어디 있느냐고 물으니 친절히 답변하면서 "Mapsme"라는 앱을 알려준다. 이때 Mapsme를 처음 알았다. 캠핑장을 검색하는 데에는 구글맵보다 Mapsme를 이용하는 것이 더 편리할 때가 있다. 20Km쯤 더 가니 캠핑장에 도착할 수 있었다. 쇼핑을 못 해서 식량 보따리를 다 뒤져서 누룽지 김치통조림 참치통조림 고추장 몽땅 다 털어 넣고 꿀꿀이죽을 끓여 놓았더니 그날 저녁 세 명이 정신없이 코 박고 먹었다.

캠핑장은 눈에 안 띄고 사람도 많아져서 텐트 칠 데도 마땅치 않았다.

7월 21일 - 27일 차

빗방울이 굵어져 라이딩을 마감할까 몇 번 망설이다가 좀 더 힘을 내서 로렐라이 언덕 근처에 있는 고어(Goar)라는 마을까지 가서 호텔에 묵기로 하였다

일찍 출발하자고 해서 부지런을 떨며 남은 빵조각으로 아침을 먹는데 느닷없이 또 비가 온다. 텐트 안으로 각자 흩어져 눈치 살피다 비가 살짝 그친 사이에 얼른 텐트를 걷고 8시에 출발했다. 텐트가 젖어 다소 무거웠으나 할 수 없었다. 얼마 안 가니 코블렌츠(Koblenz)다. 이 도시는 라인강과 모젤강이 만나는 곳에 있어 계속 라인강을 타려면 시내를 관통해야 하는데 도시가 꽤 크다. 시내 들어서 찻길로 질주하며 도심을 얼른 벗어나려 했지만

5~6Km 달려서 외곽으로 나오는데 길이 좀 복잡해졌다. 셋이 뿔뿔이 흩어져 헤매다 갑자기 큰비가 와서 나는 큰 다리 밑에서 하염없이 기다리니 알아서들 찾아왔다. 한 시간 이상 지체 후 강변길 따라 비포장도로로 굽이굽이 달렸다. 네비 안내보다 무조건 강 따라가니 길이 라이딩하기 너무 좋았다. 마주 오는 라이더들 중에 짐을 잔뜩 싣고 오는 백발이 성성한 노부부 라이더들과 자주 마주쳤다. 나도 저 나이까지 자전거 여행이 가능할까 생각해보았다. 빗방울이 굵어져 오늘 라이딩을 마감할까 몇 번 망설이다가 좀 더 힘을 내서 로렐라이 언덕 근처에 있는 고어(Goar)라는 마을까지 가서 호텔에 묵기로 하였다. 서울에 있는 친구한테 부탁해서 고어(Goar)에 쌈 직한 호텔을 인터넷으로 수배해 달라고 부탁하고 45Km를 빠른 속도로 달렸다. 시간도 좀 지체됐거니와 비도 오락가락해서 우의를 입었다 벗었다 하며 비에 젖은 라인강변을 묵묵히 세 시간 동안 달렸다. 호텔에 도착하니 창밖으로 라인강과 로렐라이 언덕이 보였다. 텐트 생활하다 호텔에 들어오니 맘이 편했다. 저녁은 Kim Asis Restaurant이라는 식당이 눈에 띄어 들어가 보니 한국인이 아니고 베트남 여자란다. 메뉴에도 없는 Noodle Soup을 시키니 흔쾌히 준비해 주어 맥주와 함께 훌륭한 식사를 할 수 있었다.

7월 22일 – 28일 차

느지막이 9시에 출발하니 뒤바람도 적당히 불어 주고 강변의 모습도 아름다워 상쾌한 라이딩을 시작할 수 있었다.

느지막이 9시에 출발하니 뒤바람도 적당히 불어 주고 강변의 모습도 아름다워 상쾌한 라이딩을 시작할 수 있었다. 강변길 따라가다 산모퉁이를 도니 캠핑장이 있고 바로 건너편에 진짜 로렐라이 언덕이라고 추측되는 풍경이 보였다. 건너편에 험준한 언덕이 보이고 물살이 거세게 흘러 진짜로 난파되는 배들이 많이 있었겠다는 생각이 들었다. 빙겐(Bingen)에서 30Km 지나 동쪽으로 강이 휘어져 Mainz(마인츠)까지 가는데 산속 늪 길을 만났다 무슨 자연휴양림이라는 팻말이 보였다. 강의 왼쪽을 탔어야 했는데 오른쪽으로 잘못 들어섰던 것 같았다. 5~6Km 진창길에서 이리저리 헤매다 거의 끝자락에서 진흙 길에서 급하게 커브 돌다 크게 넘어져서 무릎이 찢어지는 가벼운 타박상을 입었다. 아마도 타이어가 투어용이라서 진흙 길에서 미끄러지기 쉬웠을 것이다. 몹시 아팠으나 크게 다치지 않은 게 다행이라고 생각이 들었다.

5~6Km 진창길에서 이리저리 헤매다 거의 끝자락에서 진흙 길에서 급하게 커브 돌다 크게 넘어져서 무릎이 찢어지는 가벼운 타박상을 입었다.

숲속길에서 빠져나와 앙그라하임(Angelheim)에서 점심을 먹고 출발하니 역풍이 심해 30Km를 몇 시간 동안 지루하게 페달 질을 해야만 했다. 4시가 넘어서 Mainz(마인츠)에 도착해서 시내를 통과하는데 도시가 꽤 크게 느껴졌다. 큰 다리를 건너니 캠핑장이 시내 가까운 곳에 보였고 분위기가 깨끗하고 쾌적해서 좋았다(25유로/3인). 오늘이 세 명이 함께하는 마지막 캠핑이 될 거라고 생각하니 못내 아쉬웠다. (76Km 주행)

프랑크푸르트에서의 해단식

7월 23일 - 29일 차

마인강 따라 묵묵히 내달리니 어느덧 프랑크푸르트 한복판이다. 생각보다 도시가 크지 않았다.

프랑크푸르트까지 40Km만 가면 일 단계 여정이 끝이 난다. 느지막이 출발해서 쉬엄쉬엄 밟으니 점점 건널목도 많아지고 주택가가 점점 가까워져 온다. 마인강 따라 묵묵히 내달리니 어느덧 프랑크푸르트 한복판이다. 생각보다 도시가 크지 않았다. 아리랑 한인 식당에서 돼지 불고기와 된장찌개로 점심을 배불리 먹고 중앙역에 가까운 한인 민박을 잡아 여장을 풀었다. 전차를 타고 민박 주인이 알려준 스포츠 전문매장 Globerrotter를 찾아가보니 몇 가지 건질 물건이 눈에 띄었다. 할인행사 기간 중이기는 하였지만 오트립 페니어가 20리터 한 쌍이 90유로다. 한국에 비해 절반 값이다. 마침 한국에서 가져간 페니어가 문제가 많아 이참에 싸게 구입하였더니 거저 얻은 기분이 들었다. 숙소 인근 중국집에서 저녁을 먹고 2차로 카페에서 생맥주로 밤늦게 잔을 기울이며 해단식을 가졌다.

7월 24일 - 30일 차

　민박집에서 제공하는 한식으로 다른 한국인 투숙객들과 아침을 먹고 자전거 포장 박스 구하기 작전에 나섰다. 어제부터 프랑크푸르트 시내 몇 군데 자전거 샵에 들러봤으나 실패였다. 자전거를 판매하고 박스가 나오면 자리를 차지해서 그다음 날로 바로 치워버린단다. 시내 곳곳을 오후 내내 누비고 다녀서야 겨우 박스 두 개를 얻을 수 있었다. 박스 하나씩을 자전거에 싣고 오면서 기분이 좋아 개선장군이나 된 듯이 프랑크푸르트 시내를 누볐다. 내일 귀국할 친구는 테이프와 노끈을 사 와서 자전거 박스 포장을 하고 나는 터키인이 하는 이발소를 찾아 이발을 했는데 영 마음에 안 들었다. 코메르츠은행에 가서 CD기로 300유로를 현찰로 찾았다. 앞으로의 여정을 위해 중앙역 앞에 있는 중국슈퍼에 가서 쌀 고추장 라면 등 식료품을 구입해 왔다. 민박집에 8/16~17 이틀 예약을 하고 내 자전거 박스하고 불필요한 짐을 분류해서 민박집에 맡겨달라고 부탁을 했다.

　드디어 이별이다. 세 명이 한 달 동안 머나먼 이국땅에서 동고동락을 해온 터라 마지막 밤이 아쉽다고 셋이 맥주를 취하도록 마시며 회포를 풀었다.

프랑크푸르트 시내 곳곳을 오후 내내 누비고 다녀서야 겨우 자전거 박스 두 개를 얻을 수 있었다. 박스 하나씩을 자전거에 싣고 오면서 기분이 좋아 개선장군이나 된 듯이 프랑크푸르트 시내를 누볐다.

이제부터는 나홀로 라이딩이다. 나만의 여정을 사전에 깊이 연구해 보지는 않았으나 평소에 가고 싶었던 아래와 같은 여정을 연계하여 가기로 마음먹었다.

첫째, 로맨틱 가도 라이딩 — 프랑크푸르트에서 110Km 떨어진 뷔르츠부르크에서 시작하는 로맨틱 가도를 따라 퓌센까지 간다.

둘째. 알펜 가도 라이딩 — 잘츠부르크에서 스위스 국경 따라 이어지는 알펜 루트를 따라 스위스로 간다.

셋째, 라인강 상류 라이딩 — 스위스 콘스탄츠에서 출발해서 라인강 따라 내려와 프랑크푸르트로 귀환한다.

나홀로 라이딩의 시작... 로맨틱 가도

7월 23일 - 31일 차

로맨틱 가도로 가기 위해서 프랑크푸르트 중앙역에서 뷔르츠부르크 행
10.35 기차를 탔다. 갑자기 혼자가 되니 불안감이 몰려왔다. 하지만 그것
은 잠깐이었고 옆에 앉은 미국 할머니와 자전거 여행에 대해서 대화하다 보
니 불안감은 금방 사라져 버리고 말았다.

아침 10시에 혼자 짐 싸서 자전거를 끌고 나오니 오늘 귀국하는 친구가 따라
나온다. 절대 다치지 말라고 신신당부한다. 마음 씀씀이가 너무 고마웠다. 중앙
역에서 뷔르츠부르크 행 10.35 기차를 탔다. (26+5유로) 갑자기 혼자가 되니
불안감이 몰려왔다. 하지만 그것도 잠깐이었고 옆에 앉은 미국 할머니가 자전
거 여행에 대해서 이것저것 물어서 대화하다 보니 불안감은 금방 사라져 버리
고 말았다. 두 시간여 동안 창밖을 내다보고 있으려니 셋이 같이 달려왔던 한
달간의 기억이 주마등처럼 스쳐 지나갔다. 또 다른 세계로의 또 다른 한 달이
라… 갑자기 집사람이 보고 싶어졌다. 걱정할까 봐 혼자 여행하는 일정은 얘기
안 했는데… 아무튼 조심하자고 속으로 다짐해본다. 술이 덜 깨서 머리도 아

술이 덜 깨서 머리도 아프고 속이 편치 않아서 뷔르츠부르크에 있는 중국식당에서 메뉴에도 없는 Noodle Soup을 해달라고 하니 흔쾌히 해주었다. 우리네 우동 비슷한 국물에 밥 한 공기까지 말아서 깨끗이 비우고 나니 속이 좀 가라앉았다.

프고 속이 편치가 않았다. 뷔르츠부르크에 도착해서 중국식당을 찾아가서 여주인 보고 메뉴에도 없는 Noodle Soup을 해달라고하니 흔쾌히 해주겠다고 한다. 우리네 우동 비슷한 국물에 밥 한 공기까지 말아서 깨끗이 비우고 나니 속이 좀 가라앉았다. 서양 사람들은 국물 요리를 좋아하지 않아서 중국집에도 국물이 있는 요리가 별로 없는 것 같다.

술도 덜 깨었고 시내 관광도 할 겸 오늘은 뷔르츠부르크에서 머물기로 했다. Maps.me를 이용해 시내에서 제일 가까운 캠핑장을 찍어 찾아가 보니 내일부터 축제가 있다고 빈자리가 없단다. 캠핑장에 캠핑사이트가 만석이라니 세상에나… 한구석에서라도 텐트만 치게 해 달라고 해도 안 된단다. 내일 가는 방향과 정반대로 약 7Km 내려가면 다른 캠핑장이 있다고 그리 가란다. 캠핑장으로 가다가 길을 헤매는 중에 자전거 타고 마주 오는 어떤 할아버지에게 길을 물으니 왔던 길을 3~4Km를 되돌아가서 캠핑장까지 안내해 주고 고맙다는 인사도 하기 전에 돌아갔다. 그런데 도착한 캠핑장 여주인이 불친절하고 아직 오후 3시인데 땡볕에 텐트를 치라고 해서 나무 그늘에 치면 안 되겠냐고 했더니 야멸차게 안 된단다. 나도 화가 나서 지불한 돈 환불해달라고 하고는 되돌아 나와 버렸다. 맵스미를 검색해 보니 강 건너편에 6Km를 더 가면 또 다른 캠핑장이 있었다. 가다가 철골로 된 육교를 건너가야 하는데 계단 오르내리는데 짐을 분리하기 귀찮아서 억지로 내려오다 자전거를 놓쳐 크게 구를 뻔했다. 좀 편하려다가 큰일 날 뻔했다.

또 다른 캠핑장을 찾아가다가 철골로 된 육교를 건너가야 했는데 짐을 자전거에서 분리하기 싫어 억지로 내려오다 자전거를 놓쳐 크게 구를 뻔했다. 좀 편하려다가 큰일 날 뻔했다.

드디어 캠핑장에 도착했는데 시설은 안 좋으나 우여곡절 끝에 도착한 터라 너무 반가웠다. 하지만 캠핑장 옆으로 고속기차가 다니는 기찻길이 있어 저녁 늦게까지 굉음에 시달려야 했다.

나홀로 여정 첫날부터 순조롭지 못한 하루를 보내고 나니 막연히 이 코스에 대한 불길한 생각이 들었다.

7월 26일 - 32일 차

어제 남은 밥에 라면 끓여서 프랑크푸르트에서 사 온 김치에 먹으니 환상이다. 그런데 김치 냄새가 조심스러워 치우는데 시간이 많이 걸렸다. 아침에는 가급적 빵으로 해결해야겠다고 생각했다.

8시 출발해서 뷔르츠부르크 시내를 통과하며 로맨틱 가도 안내판이 있어 길 표시대로 따라가니 산길 임도로 안내한다. 이게 로맨틱 가도인가 의심이 들었지만 5~6Km 정도 더 가서는 이건 아니다 싶어 우선 산길로부터 벗어나야겠다는 생각이 들었다. 찻길로 나오는데도 구릉 지대를 한참 헤매다가 겨우 빠져나올 수 있었다.

산길에서 20여Km를 헤매며 시간을 허비하다가 찻길로 나오니 마음이 급해져서 노견도 없는 찻길을 따라 20여Km를 정신없이 달렸다. 토우바브쇼푸샤임(Tauberbischof-sheim)이라는 마을에 도착했다. 마침 관광안내소가 있어 추천해준 관광명소를 찾아갔더니 너무 실망이었다. 이런 허름

로맨틱 가도 안내판이 있어 길 표시대로 따라가니 산길 임도로 안내한다. 이게 로맨틱 가도인가 의심이 들었지만 5~6Km 정도 더 가서는 이건 아니다 싶어 우선 산길로부터 벗어나야겠다는 생각이 들었다. 찻길로 나오는데도 구릉 지대를 한참 헤매다가 겨우 빠져나올 수 있었다.

한 성을 보러 아침부터 헤매닥질을 했나 싶었다.

토우바브쇼푸샤임(Tauberbischofsheim)이라는 마을에 도착했다. 마침 관광안내소가 있어 추천해준 관광명소를 찾아갔더니 너무 실망이었다. 이런 허름한 성을 보러 아침부터 헤매닥질을 했나 싶었다.

맥도날드로 점심 먹으며 정보 검색하니 와이파이가 안 되어서 왜 안 되느냐고 물었더니 독일 핸드폰만 터진단다.

산에서 너무 지쳐서 제일 가까운 캠핑장을 가기로 했다. 지도상으로 7Km쯤 가면 바트메헌타임(Bad Mergentheim)에 캠핑장이 있어 찾아가니 산 중턱에 있어 포기하고 10여Km를 더 가서 바이커샤임(Weikersheim)에 있는 Loden-bach 캠핑장에 가기로 했다. 독일 남부의 지형은 길이 여러 갈래로 혼잡하고 업다운이 심해 라이더를 몹시 지치게 했다. 물어물어 바이커샤임(Weikersheim)이라는 조그만 마을에 도착했는데 마을에 들어서자마자 엄청난 폭우가 쏟아지기 시작했다. 운 좋게도 어느 빵집 처마 밑에서 비를 피할 수 있었는데 비가 길어져서 아예 빵집에 들어가서 갓 구운 빵을 먹으며 비 그치기를 기다렸다. 기다리는 동안 여종업원에게 동네 호텔을 알아보니 65유로란다. 3Km만 더 가면 텐트 칠 수 있는데 하고 다시 출발했다. 얼마 못 가서 또다시 비가 쏟아져서 길옆에 있는 소 외양간 처마 밑에서 또다시 1시간을 기다려야만 했다. 돈 좀 쓰고 호텔에서 묵을 걸 하는 후회가 마음 한구석에 솟아올랐다. 캠핑장에 자리가 없을까봐 마음 졸이며 6:40 에나 캠핑장에 도착하니 주인 부부가 반갑게 맞이한다. 시설도 좋고 쾌적해서 좋기는 한데 비 온 뒤라서 껍질 없는 달팽이가 텐트 외벽에 덕지덕지 기어 다닌다. 8시 넘어 라면에 남은 바게트빵으로 허기진 배를 채웠다.

비 온 뒤라서 껍질 없는 달팽이가 바닥이며 텐트 외벽에 덕지덕지 기어 다닌다.

7월 27일 - 33일 차

어제 무리를 해서 5시에 잠이 깼지만, 한동안 게으름을 피우다 아침 10시에나

로텐부르크(Rothenburg)로 가는 길… 로맨틱 가도를 따라가다 보면 아름다운 옛날 도시들을 자주 만나게 된다.

출발했다. 출발하기 전에 나름대로 머리를 쓴다고 캠핑장 주인 부부한테 로텐부르크(Rothenburg) 가는 편한 길을 물어봤던 게 화근이 되었다. 시내를 빠져나오는데 끌바만 3Km를 하고 낙타 등 구릉 지대를 한 시간여를 달려서 크릭클링(Creglingen)에 겨우 도착하니 입안에는 길 안내해 준 캠핑장 주인 부부에 대한 욕설과 원망이 가득 찼다. 그 부부는 자전거를 타지 않는 사람이었던 것 같다. 한동안 휴식하고 찻길 따라 출발하는데 동네 노인네들이 산자락 따라 자전거 도로가 있으니 그리 가란다. 내심 찻길이 편한데 하고 생각이 들었으나 성의를 봐서 산자락 타고 자전거 길에 들어서니 길은 좋은데 업다운이 장난이 아니다. 다시 차도로 내려와 강변 따라 계속 진행했다. 어제도 무리한 데다가 오늘도 수없이 낙타 등을 타다 보니 많이 지쳤다. 저 멀리 성곽이 보여 로텐부르크에 다 왔나 했더니 언덕을 1Km나 올라가야 로텐부르크란다.

더구나 길이 말발굽 도로라 짐을 잔뜩 실은 자전거를 끌고 올라가려니 빈사직전이다. 여기까지 와서 로맨틱 가도의 주요 관광지를 안 가볼 수도 없고.. 낑낑대며 올라가 보니 오래된 산성마을인데 전체 길이가 약 사오백 미터쯤 되는

저 멀리 성곽이 보여 로텐부르크에 다 왔나 했더니 언덕을 1Km나 올라가야 로텐부르크였다. 낑낑대며 올라가 보니 오래된 산성마을인데 전체 길이가 약 사오백 미터쯤 되는 작고 기다란 마을이었다.

기다란 작은 마을이다. 관광객은 많은데 볼거리라고는 천 년 이상 된 거리 모습

이라는 것 외에는 특별한 것을 못 느꼈다. 음식점과 기념품 가게들만이 즐비하고 물가는 비싸고 음식도 마땅치 않아 1시가 넘었지만, 산성 아래로 서둘러 내려가기로 했다. 내려가면 관광지가 아닌 현지 사람들이 사는 마을이 있으려니 생각하고 맥도널드나 찾아봐야겠다고 생각했다. 그런데 내리막을 아무리 내려가도 마을은 나타나지 않고 한두 개 눈에 띄는 식당도 다 문을 닫았다. 그때서야 오늘이 일요일인 줄 깨달았다. 지도상으로는 20Km 정도를 더 가야 캠핑장이 있는데 거기나 가야 먹을 게 있을 것 같았다. 물도 다 떨어지고 점심도 굶은 상태에서 벌써 두 시

로텐버그 마을에서 내리막길을 아무리 내려가도 마을은 나타나지 않고 한두 개 눈에 띄는 식당도 다 문을 닫았다. 그때서야 오늘이 일요일인 줄 깨달았다. 물도 다 떨어지고 점심도 굶은 상태에서 두 시가 넘어 탈진상태가 되었다. 도로 양쪽으로는 끝없는 밀밭만 보이고 날은 뜨거웠다.

가 넘어 탈진상태다. 도로 양쪽으로는 끝없는 밀밭만 보이고 날은 뜨거웠다.

가끔 눈에 띄는 농가를 두드려 봤으나 인기척도 없었다. 어느 농가가 눈에 띄어 가까이 가보니 승용차가 주차되어 있어 사람이 있겠거니 생각했으나 아무리 소리쳐도 인기척이 없었다. 뒷마당 수돗가에 물 호스가 연결되어 있어 그 물을 받으려니까 현관문이 벌컥 열리며 할아버지가 낮잠 자다 일어났는지 팬티 바람에 누구냐고 힐난하듯이 묻는다. 사람을 보니 너무 반가웠다. 물 좀 얻으려고 한다니까 그물은 못 먹는 물이라고 하며 안에 들어가 냉장고에서 탄산수 1리터 병을 들고나왔다. 너무나도 감사했고 그늘에서 좀 쉬었다 가도 되냐고 물었더니 그러라고 하며 들어가 버렸다. 탄산수에 며칠 된 바게트빵을 꺼내 우적우적 씹으니 비로소 정신이 좀 들었다. 탄산수가 이렇게 맛있는 줄 그때서야 알았다. 역시 휴식은 사람을 여유롭게 만드는 것 같다. 그 지역에 자전거 도로가 없는 경우에 구글 지도에서는 도보 모드로밖에 작동이 안 되는데 아무 생각 없이 구글네비만 따라오다 보니 자전거로 가기 힘든 산길과 비포장도로를 거칠 수밖에 없었다. 한 시간 넘게 쉬면서 지도를 가만히 들여다보니 좀 돌더라도 편한 길을 찾아가는 게 좋을 것 같았다. 오늘 목표로 하는 캠핑장이 쉴링스러스트 (Schillingsfurst)라는 마을에 있는데 약 20Km를 더 가야 했다. 땡볕에 찻길 따라 쉬엄쉬엄 가다 보니 저 멀리 마을이 보이는데 이 마을도 역시 산 위로 올라가야 한다는 사실을 알았다. 로맨틱 가도에 대한 정나미가 뚝 떨어지는 순간이었다. 천 년 이상 된 도시들은 외적들 때문에 다 산 위에 성을 짓고 살았나 보다.

쉴링스러스트(Schillingsfurst)라는 마을도 역시 산 위로 올라가야 한다는 사실을 알았다. 로맨틱 가도에 대한 정나미가 뚝 떨어지는 순간이었다. 1Km를 끌바해서 마을 어귀에서 쉬고 있는데 젊고 단단하게 생긴 독일 청년이 자전거를 힘차게 밟으며 올라왔다.

1Km를 끌바해서 마을 어귀에서 쉬고 있는데 젊고 단단하게 생긴 독일 청년이 자전거를 힘차게 밟으며 올라왔다. 말을 걸으니 잠시 쉬면서 오늘만 148Km 뛰었고 앞으로 50Km를 더 간다고 한다. 알고 보니 산악자전거 선수란다. 한국에도 자전거길이 잘 되어있으니 한번 자전거 타러 오라 했더니 좋다고 하며 떠나갔다.

2Km쯤 더 가니 캠핑장이다. 사막의 오아시스 같았다. 텐트를 치자마자 비가 쏟아져 텐트 안으로 피신하느라 밥이 좀 탔다. 탄 밥이라도 깻잎과 김치에 먹으니 꿀맛이다.

7월 28일 - 34일 차

드디어 캠핑장이다 사막의 오아시스 같았다. 텐트를 치자마자 비가 쏟아져 텐트 안으로 피신하느라 밥이 좀 탔다. 탄 밥이라도 깻잎과 김치에 먹으니 꿀맛이었다.

오늘은 무조건 쉬기로 했다 계속되는 무리한 운행에 몸 상태도 안 좋았다. 어제 먹다 남은 탄 밥에 물 말아 먹으니 그럭저럭 먹을 만했다. 거지가 따로 없다. 1Km도 안 되는 곳에 마트가 있어 자전거를 타고 가서 베이컨, 빵, 요구르트 등 이틀 치 식량을 사 왔다. 나 같은 소형 텐트를 친 사람은 없고 모두 캠핑카에 노부부들이 조용히 쉬고 있어 말소리 하나 제대로 들을 수가 없었다. 말 걸어 주는 사람도 없고 심심해서 가지고 간 리코더를 들고 주변 호숫가 벤치에 앉아서 몇 곡 불고 있는데 호수라고 물이 더러운데도 아줌마 둘이 수영을 열심히 하고 있었다. 텐트로 돌아와 빵과 햄으로 점심을 먹고 한숨 자려고 누우니 갑자기 식구들에 대한 그리움이 왈칵 몰려왔다. 십 년 전에 어머니가 돌아가셨을 때는 눈물 한 방울 흘리지 않았던 내가 혼자 여행을 하다 보니 어머니가 너무나 그리워졌다. 사무치는 그리움이라는 게 이런 건가 보다 하고 생각해봤다. 그리고 집사람, 우리 딸, 우리 아들들에 대한 그리움으로 이어지며 한 시간 정도 실컷 눈물을 흘리고 나니 너무나도 속이 후련해졌다. 새삼 가족이 소중한 존재임을 깨닫게 되었다. 이 캠핑장에는 자전거 여행객은 나 혼자였다. 아무래도 로맨틱 가도는 자전거 코스로서는 적합하지 않다는 생각이 들었다. 총 350Km 중 절반밖에 못 왔는데 이 코스를 끝까지 가야 할지 회의가 자꾸 들었다. 한동안 망설이다가 지도를 자세히 들여다보니 4Km 떨어진 곳에 작은 시골 기차역을 발견했다. 캠핑장 관리인에게 기차 운행 여부와 기차 시간을 알아보고 여기서 벗어나기로 결심했다. 아니다 싶으면 바로 계획을 수정해서 보다 나은 코스로 가는 것이 현명한 판단인 것 같았다. 그래 알펜루트로 빨리 가서 나머지 라이딩을 멋지게 즐기자!!

알펜루트의 시작점인 잘츠부르크에서 폭우로 발이 묶이다.

7월 29일 - 35일 차

알펜루트의 시작점이라고 생각되는 잘츠부르크로 가기 위해서는 일단 뮌헨으로 가야 될 것 같았다. 오늘은 뮌헨에서 자고 내일 잘츠부르크로 갈 계획이다.

6:30에 기상하여 컵라면에 어제저녁 남은 밥 말아 먹고 8시 넘어 출발했다. 항상 아침 식사 때문에 출발이 지연되어 이에 대한 개선책이 필요할 것 같았다. 고개 하나 넘으니 덤부일(Dumbuhl)이라는 마을이 나오고 마을 한가운데 조그만 시골 역에 도착했다. 역 주변에는 역무원은커녕 자판기 하나 없는 완전 무인지경이다. 기차 시간을 보니 10:35인데 앞으로 두 시간이나 남았다. 사람 하나 없는 시골 역 앞에서 두 시간을 기다려야 하니 한숨이 절로 나왔다. 할 수 없이 아무도 없는 시골 역 광장에서 게임도 하고 카톡도 하고 노래도 들으며 시간이 가기를 기다렸다. 플랫폼 한구석에 기차 티켓 자판기가 있는데 독일어로 되어있어 뭐가 뭔지 모르겠다. 기차 시간 십여 분 전까지는 아무도 없다가 열 명가량의 승객이 우르르 몰려오길래 그중 영어 할 만한 젊은이를 골라 자판기 티켓 구매를 부탁했다. 어디 가서 뮌헨 행 열차로 갈아타라는데 건성으로 답하고 기차에 자전거 실을 준비를 했다. 자전거 석이 따로 있는 기차면 그 칸에 타야 하기 때문에 미리 짐을 분리해 놓을 수도 없어 역으로 진입하는 기차를 잘 살펴보다가 어느 칸에 탈지 순간적으로 판단해야 한다. 정차하는 시간이 1~2분이라서 마음이 급해서 간혹 다치기도 한다. 기차가 정시에 도착해서 살펴보니 아무 칸이나 타도되는 기차인데 오래된 기차라서 승강대가 좁고 계단이 높아 순

간 당황했다. 낑낑대고 애를 쓰고 있으려니 기관사가 내려와 도와줘서 겨우 실을 수 있었다. 안쉬(Ansch)에 내려서 한 시간 여유가 있어 역사 내에서 빵과 콜라로 점심을 먹고 뮌헨 행 기차를 탔다. 중간에 또 한 번 갈아타고 오후 2:30 뮌헨에 도착할 수 있었다.

알펜루트의 시작점인 잘츠부르크로 가기 위해서는 뮌헨을 거쳐야만 했다. 시내를 자전거로 돌아다니며 잠깐씩 시내 구경을 했는데 도시가 고풍스럽고 잘 정비가 되어있었다. 이런 도시에 와서 하루 만에 스쳐 지나간다는 것이 너무나 아쉬웠다.

예약해 놓은 Euro Youth Hostel에 체크인을 할 수 있었는데 5인실이 25유로로 대도시라 좀 비싼 감이 들었다. 짐을 풀자마자 자전거 타고 나가서 내일 잘츠부르크행 기차표를 30유로에 구입하고 자전거샵에 가서 부러진 백미러도 새로 달았다. 서점에 들러 알펜루트에 대한 정보를 얻으려고 알프스 주변 자전거 지도를 찾으니 27유로로 비싸기만 하고 큰 도움이 안 될 것 같았다. 오다가 한인 슈퍼 들러 쌀과 라면, 김치 등을 사서 호텔로 귀환했다. 시내를 자전거로 돌아다니며 잠깐잠깐 시내 구경을 했는데 도시가 고풍스럽고 잘 정비가 되어있었다. 이런 도시에 와서 하루 만에 스쳐 지나간다는 것이 너무나 아쉬웠다.

저녁 먹고 호스텔에 와서 쉬고 있는데 동창회장을 했던 한 친구가 심장마비로 죽었다고 카톡으로 부고가 떴다. 우리 자전거 모임에도 열심히 참가해서 제주도 섬진강 등 함께 한 시간도 많았고 재산도 많은 친구였는데… 갑자기 뒤통수를 맞은 것처럼 멍해졌다.

7월 30일 - 36일 차

5유로에 아메리칸 조식으로 배를 든든히 채우고 일회용 잼과 버터를 좀 챙겨서 숙소를 나섰다. 매일 아침 출발할 때마다 지난밤 묵었던 곳을 뒤돌아보면 잠시나마 우울해지고는 한다. 나중에 다시 이 자리에 올 수 있을까 하는 아쉬움이라고나 할까… 혼자 여행을 하다 보면 이런 감상적인 분위기를 즐길 수 있어 좋은 것 같다. 중앙역에서 10:15 기차 타고 두 시간여를 달리니 잘츠부르크에 도착했다. 기차 안에는 한국 젊은이들이 눈에 많이 띄었다. 중간부터 비가 오더니, 잘츠부르크에 도착하니까 빗줄기가 제법 굵어져 주룩주룩 내렸다. 원래는 점심 먹고 바로 출발하려 했으나 감기 기운도 있고 쉽게 그칠 비가 아니라서 잘츠부르크에서 하룻밤 지내기로 했다. 역 앞에 있는 관광안내소에 가서 가깝고 쌈 직한 호스텔을 구하니 Yoho Hostel을 안내받았다. 자전거를 타고 찾아가는데 길을 잘못 들어 결국 비에 홀딱 젖어서 도착했다. 21유로에 6인실인데 나 말고는 다 여자들이다. 그중에 50세가 넘어 보이는 말레이시아 아줌마가 같은 동양계라고 붙임성있게 말을 걸어왔다. 체구도 자그맣고 새카맣게 그을린 중국계 여자였는데 스페인에서부터 걸어서 피레네산맥을 넘고 프랑스 독일을 가로질러 여기 잘츠부르크까지 왔단다. 무슨 사연이 그리 많은지 그동안 못했던 말들을 쏟아냈다. 그렇겠지.. 석 달간을 말을 못 하고 살았는데 오죽 말하고 싶었을까… 두 시가 넘어 점심 먹으러 공동취사장에 갔더니 한국 젊은이들이 봉지라면을 해서 먹고 있었다. 라면 봉지에다 스프와 라면을 부스러뜨려 뜨거운 물을 부어 봉지를 봉하고 잠시 있으면 봉지라면이 완성이 되는데 그 맛이 일품이다. 저녁엔

우산을 빌려서 시내 가서 필요한 물건을 구입하고 저녁 식사도 하고 돌아왔다. 비가 쉽게 그칠 비가 아니다.

잘츠부르크에 도착하니까 빗줄기가 제법 굵어져 주룩주룩 내렸다. 점심 먹고 바로 출발하려 했으나 감기 기운도 있고 쉽게 그칠 비가 아니라서 잘츠부르크에서 하룻밤 지내기로 했다.

7월 31일 - 37일 차

아침에 일어나니 아직도 비가 주룩주룩 이다. 점심때까지 침대에서 뭉개다가 이슬비 맞으며 영화 Sound of Music 촬영 현장인 미라벨 공원에 가서 산책을 했다. 몇 년 전에 집사람하고 동유럽 여행을 와서 이 장소를 같이 걸었던 기억이 생생하다. 집사람하고 모차르트 생가를 둘러보고 근처 시장에서 체리를 사서 함께 먹던 기억들이 새록새록 떠올랐다. 저녁에 카톡으로 당신이 먼저 하늘 나라에 가면 그리움 병에 빠질 것 같아서 내가 먼저 가야겠다고 하니 마나님이 아주 흡족해하는 것 같았다.

이슬비 맞으며 영화 Sound of Music 촬영 현장인
미라벨 공원에 가서 산책을 했다.

점심을 중국식으로 마치고 비 맞으며 호스텔에 돌아오니 우리 방에 젊은 영
국 친구가 하나 들어와 있었다. 스페인에서부터 넉 달간 2천Km를 걸어왔다고
하는데 배낭이며 신발이며 몸에서 악취가 진동을 해서 추워도 한참 동안 창문을
활짝 열어놓고 잘 수밖에 없었다. 캠핑도 안 하고 비박만으로 왔다니 세탁이며
샤워를 한 지가 무척 오래된 모양이었다. 저녁 시간에 근처 슈퍼에서 사 온 빵과
요구르트 등을 식당에서 먹으며 사방을 둘러보니 내가 제일 나이가 많은 것 같
았다. 내가 젊게 사는 거겠지 하고 위안을 해봤다. 내일부터 시작되는 알펜루트
에 대해서 일정을 구상해보며 호스텔 직원과 얘기해 보니 며칠 동안의 많은 비
로 강물이 불어 찻길이나 자전거길이나 모두 원활할지 걱정이라고 말했다. 그
래도 더 이상 지체할 수 없으니 내일은 무조건 출발해야 했다. 며칠 전 심장마
비로 죽은 친구 때문에 나를 걱정해 주는 카톡 글이 계속 올라왔다. 협심증으로
심장에 스텐트 시술을 한 이력이 있기 때문에 나를 아는 친구들은 걱정이 많이

되는가 보다. 위로와 염려의 의미이기는 하지만 받는 사람 입장에서는 김이 빠지는 소리로 들렸다. 아무튼 매사에 조심하고 몸 사려 가며 무사히 여정을 마치자고 다짐했다.

8월 1일 - 38일 차

아침에 일어나서 보니 아직도 이슬비가 내리고 있었다. 감기 기운이 아직도 남아 있어서 망설였지만, 곧 비가 그칠 것 같아서 서둘러서 호스텔을 나섰다. 룸메이트인 말레이 아줌마가 몸조심하라고 작별 인사까지 해준다. 며칠 동안의 비로 강변의 자전거길은 모두 침수되어서 자동찻길로 나설 수밖에 없었다. 거의 홍수 수준으로 범람해 있었다.

며칠 동안의 비로 강변의 자전거길은 모두 침수되어서 자동찻길로 나설 수밖에 없었다. 거의 홍수 수준으로 범람해 있었다.

잘츠부르크 시내를 빠져나오는데도 쉽지가 않았다. 프라일라싱(Freilassing) 근처에서 길을 잃어 동네 아줌마한테 물으니 동양의 이방인이 자전거 끌고 헤매는 게 신기한지 그렇게 친절하게 알려준다. 잘츠부르크 외곽으로 나오니 푸른 언덕들이 펼쳐지면서 알프스의 풍취가 한껏 느껴지기 시작했다. 영화 사운드 오브 뮤직에서 노래 부르며 뛰어다니던 쥬리 앤듀루스가 튀어나올 것만 같은 분위기였다.

그것도 잠깐, 서너 시간을 달린 후에 12시쯤 트라운스타인(Traunstein)에 도착했는데 감기 기운이 있는 데다 체했는지 팔다리에 힘이 쭉 빠져버렸다. 슈퍼

잘츠부르크 외곽으로 나오니 푸른 언덕들이 펼쳐지면서 알프스의 풍취가 한껏 느껴지기 시작했다. 영화 사운드 오브 뮤직에서 노래 부르며 뛰어다니던 쥬리 앤듀루스가 튀어나올 것만 같은 분위기였다.

에서 산 빵과 우유로 길가의 벤치에 앉아 간단히 요기를 하며 그늘에서 한참을 쉬었다. 길도 헤맸고 기력도 없어 53Km 밖에 못 갔다. 다행히도 10여Km만 더 가면 킴지(Chiemsee) 호수 변에 캠핑장이 있어 쉴 수가 있었다. 도착해 보니 휴가철이라 그런지 호수 변에 캠핑카가 그득하다. 모두 가족 단위로 할아버지와 손주들이 같이 노는 모습이 보기가 좋았다. 독일은 분위기가 무척 가정적인 것 같았다. 혼자 텐트에서 우두커니 앉아 있는 사람은 나밖에 없었다. 쇼핑을 못 하고 와서 재고 식량인 3분 우거지국에 남은 김치를 곁들이니 훌륭하다. 감기 때문에 떨어진 식욕이 다시 돌아오는 것 같았다.

킴지(Chiemsee) 호수 변에 캠핑장이 있어 쉴 수가 있었다. 휴가철이라 그런지 호수 변에 캠핑카가 그득하다. 모두 가족 단위로 할아버지와 손주들이 같이 노는 모습이 보기가 좋았다.

8월 2일 - 39일 차

밤에 비가 많이 올 줄 알고 침수에 대비했는데 조금밖에 안 와서 다행이었다.

6:30분에 기상해서 이것저것 말리고 짐을 싸니 8:30에나 출발할 수 있었다. 아직도 감기 기운이 있어서 50Km 정도 떨어진 파일른바흐(Feilnbach) 근처의 캠핑장을 목표로 출발했다. 거기를 지나면 50Km를 더 가야 캠핑장이 있어 선택의 여지도 없었다. 알프스의 모습들이 서서히 나타나면서 심하지는 않지만, 업다운이 계속 이어진다.

휴가철에다 주말이 겹치니 고속도로가 꽉 막혀 있고 국도에도 차들이 넘쳐났다. 후어도르프(Rohrdorf)라는 마을을 지나면서 점심을 사 먹으려고 했는데 문을 연 식당이 눈에 안 띄었다. 아차!! 오늘이 주말이지 하는 생각이 스쳤다. 로텐부르크(Rothenburg)의 악몽이 되살아나며 마음이 다급해지기 시작했다. 토요일에는 마트가 평소보다 일찍 문을 닫기 때문이다. 열심히 달려 2시 넘어 Bad Feiinbach에 도착하여 제일 먼저 마트부터 찾았다. 빵과 식료품 등 이틀 치 식량을 사서 자전거에 실으니 부자가 된 느낌이었다. 가스버너의 가스가 떨어져 어제 새로 샀는데 노즐 방식이 다른 타입이라 밥을 못 해먹을 상황이 되었다. 마트마다 들러 가스를 찾아봤으나 허사였다. 마트 종업원에게 물어 캠핑장을 찾아가 보니 캠핑장이 너무 좋았다. 체크인하고 벤치에 앉아 빵과 요구르트로 늦은 점심을 먹는데 비가 뿌렸다. 한동안 쉬었다가 비가 뜸한 사이에 얼른 텐트를 치고 나니 비가 또 온다. 텐트 안에서 짐 정리하며 밖을 보니 저 멀리 몰려오는 먹구름이 무시무시하다.

Bad Feiinbach에 도착하여 캠핑장을 찾아가 보니 캠핑장이 너무 좋았다. 텐트 안에서 짐 정리하다가 밖을 보니 저 멀리 몰려오는 먹구름이 무시무시하다.

저녁은 버너도 못 피우고 비도 오고 해서 빵과 소시지로 해결할 수밖에 없었다. 텐트를 싸구려 중국산을 사 왔는데 한 달이 지나니 코팅이 벗겨져서 출입구에서 빗물이 똑똑 떨어졌다. 마트 비닐봉지를 펴서 보강을 하고 밖에서 보니 누더기 텐트가 됐다. 내일은 많이 가야 하는데 몸 상태가 아직 덜 회복된 것 같아 걱정이 되었다.

8월 3일 - 40일 차

비에 대한 보강책은 성공적이었으나 텐트와 비닐이 물이 흥건하여 천근만근이다. 그런 데다가 주말에 대한 트라우마로 식료품을 너무 많이 사서 짐이 많아졌다. 텐트와 판초를 대충 넣어놓고 빵으로 아침을 먹고 물을 털어 가며 짐을 싸니 벌써 9시다. 국도 따라 한참 가다 보니 업다운도 심하고 주말이라 국도에 차도 많고 속도도 빨라 위협을 느꼈다. 19Km를 두 시간 만에 힘들게 페달을 밟아 미스바흐(Miesbach)에 도착해서 거리 카페에서 커피와 간식을 먹었다.

길 상태가 안 좋아 정말 속도가 나지 않았다. 마주 오는 할머니가 그문트(Gmund)를 경유하면 차도 적고 편할 거라고 했는데 웬걸 업다운이 아주 심해서 9Km를 가는 데 두 시간이 걸려서 겨우 그문트(Gmund)에 도착할 수 있었다. 이렇게 자전거 주행이 위험하고 힘든 구간은 기차로 점프 해야겠다는 생각이 들었다. 그문트역

마주 오는 할머니가 그문트(Gmund)를 경유 하면 차도 적고 편할 거라고 했는데 웬걸 업 다운이 아주 심해서 9Km를 오는 데 두 시간 이 너머 걸려서 겨우 그문트(Gmund)에 도 착할 수 있었다.

에 들어가 알아보니 중간 목표인 가르미슈파르텐키르헨(Garmisch-Parten-kirchen)에 가까운 랭그러스(Lenglies) 역에 한 시간이면 갈 수 있겠다고 한다. 지옥에서 탈출하는 기분으로 기차를 집어 타고 4시에 랭그러스(Lenglies)에 도착했다. 구글맵으로 시내에서 가까운 유스호스텔을 찾아가니 아무도 없었다. 문을 닫았나 싶었는데 대문 한구석에 오후 5시에나 접수한다고 써 붙여놨다. 시설이 아주 좋고 분위기도 좋았다. 31유로에 저녁 6유로라서 다소 비싼 호스텔이었으나 투숙객이 없어서 3인실에 나 혼자 쓰는 거라 비싸다는 생각이 안 들었다. 저녁 먹고 방에 와서 누우니 밖에 비가 계속 내리고 있었다. 감기 때문이라도 텐트 안 치고 호스텔에 들어 온 것은 탁월한 선택이었다. 실내에서 텐트와 비닐을 널어놓고 주인아저씨에게 가르미슈파르텐키르헨으로 가는 길을 물으니 약 50Km 정도 되는데 언덕도 별로 없고 경관이 너무 좋단다. 이제부터는 알프스의 맛을 제대로 느낄 수 있을 것 같았다. 밤새 비가 억수같이 내리는 걸 보면서 호스텔에 들어온 걸 너무 잘했다고 생각하며 잠이 들었다.

아침에 일어나니 하루 더 쉬고 싶었다. 에라 하는 마음으로 11시까지 뒹굴거렸다. 주인아저씨하고 한참 얘기해보니 젊은 부부가 호스텔을 운영하는데 다른 일도 하고 시즌에만 잠깐씩 숙박업을 한단다. 그래서 5시 이후에나 접수하고 밤에는 집으로 가고 오후에나 출근한다고 한다. 젊은 부부가 건실해 보였다. 내가 노르웨이부터 시작한 자전거 여정을 얘기해 주었더니 너무 재미있어하

며 부러워했다. 시내에 점심 먹을 식당을 추천해 달라고 하니 두어 군데 바바리안 식당을 추천해 주었다. 자전거로 1~2Km를 달려서 시내에 있는 그 식당을 찾아가 보니 사람들이 많았다. 한참 만에 나온 요리가 돼지고기에 감자튀김, 맥주 한 잔 시키니 요리가 맛있고 양도 푸짐했다. (12유로)

호스텔 주인아저씨가 추천해준 랭그러스 (Lengglies) 시내에 있는 바바리안 식당을 찾아가 보니 사람들이 많았다. 돼지고기에 감자튀김 요리에 맥주 한 잔을 곁들이니 요리가 맛있고 양도 푸짐했다.

그런데 가스가 문제다. 내 버너에 맞는 스크루 방식의 가스통을 찾기가 쉽지 않았다. 시내를 여기저기 뒤져 봤지만 결국 실패하고 호스텔에 돌아올 수밖에 없었다. 주인아저씨는 이미 퇴근하고 문이 잠겼는데 비밀번호를 잊어먹어서 한참을 헤매다 안에 있던 투숙객의 도움으로 들어갈 수 있었다. 저녁까지 한숨 자며 충분한 휴식을 취했다. 앞으로의 여정을 생각하니 이틀만 더 고생하면 오르막도 별로 없고 좋은 길만 이어질 것으로 예상되었다.

너무나 아름다운 알펜루트의 하이라이트 구간
(가르미슈파르텐키르헨 _ 퓌센)

　오늘과 내일의 일정이 힘들 것 같아 걱정이 되었던 모양이다. 밤새 뒤척이다 12시가 넘어서야 겨우 잠이 들었는데 5시에 눈이 떠졌다. 앞으로의 여정이 너무 힘들고 위험하게 생각이 들었나 보다. 8시 출발 예정이었으나 짐 싸 들고 식당에 내려가 보니 밖에 비가 또 주룩주룩 이다. 아침 먹고 기다리다 9시쯤 되니 비가 잠시 멈췄다. 더 이상 지체할 수 없어서 바로 출발하고 나서보니, 이틀 동안의 휴식으로 페달에 힘이 팍팍 먹히는 기분이 들어 기분이 상쾌했다. 자전거 길이 거의 임도 수준이다. 운치도 있고 경치도 좋았으나 비가 온 뒤라 바퀴가 쑥쑥 들어가는 길도 있어 여간 조심하지 않으면 안 되었다.

알프스가 가까워 오면서 알펜투트의 진수를 보여 주기 시작했다.
경치가 너무 좋아서 사진 찍느라 서다 가다를 수없이 반복해야만
했다.

출발한 지 한두 시간쯤 후부터 다시 비가 와서 찻길로 나와서 달렸다. 훨씬
편하고 경사도 심하지 않아 끌바 한두 번만 하고 11시쯤에 발신스(Walchens)
에 도착할 수 있었다. 경치가 너무 좋아서 사진 찍느라 자주 서게 되었다. 호수
끝에 있는 갈림길에 매표소가 있는데 차량들은 돈을 받는데 자전거는 무료란다.
매표소 처마 밑에서 의자에 걸터앉아서 간식을 먹었다. 마침 빗줄기가 굵어져
아예 빵을 꺼내어 점심을 먹었다. 마침 산악자전거 타는 독일 청년 한 명이 비에
젖어 처마 밑으로 들어왔다. 오랜만에 자전거족을 만나니 반가웠다. 준수하게
생긴 독일 청년이다. 독일의 자전거 타는 젊은이들은 모두 잘생긴 것 같았다. 뮌
헨에서 살며 임도 라이딩을 하다가 비가 와서 밑으로 내려왔단다.

매표소 처마 밑에서 의자에 걸터앉아서 점심을 먹고 있었다. 마침 산악자전거 타는 독일 청년 한 명이 비에 젖어 처마 밑으로 들어왔다. 오랜만에 자전거족을 만나니 반가웠다. 뮌헨에서 살며 임도 라이딩을 하다가 비가 와서 밑으로 내려왔단다.

한 시간가량 기다리다가 오늘의 목적지인 가르미슈파르텐키르헨까지 가려면 시간상 더 이상 지체할 수가 없었다. 독일 청년과 작별하고 2시가 넘어 비가 잠시 멈춘 사이에 출발했으나 큰 고개를 하나 넘으니 또 비가 온다. 비옷을 안 입고 바람막이만 입고 달리니 온몸에 한기를 느꼈지만 쉬면 더 춥고 시간상으로도 여유가 없어 계속 내달렸다. 비는 오는데 노견도 없는 찻길을 달리니 좀 위험하다는 생각이 들곤 했다. 가르미슈파르텐키르헨 시내에 가까워져 오니 비도 멈추고 찻길 옆에 자전거길이 잘 나 있어 가족 단위로 자전거 타는 사람들이 자주 눈에 띄었다. 독일 사람들은 참 가족적인 성향이 강한 것 같다. 비는 그쳤는데 온몸이 젖어 있어 캠핑은 힘들 것 같아 시내 한가운데 있는 관광안내소에 들러 시내에서 가깝고 쌈 직한 호텔을 소개받아 투숙할 수 있었다. (48유로)

도시가 생각보다는 컸지만 아담하고 거리 모습이 이뻐서 그런지 관광객들이 많았다. 모두 독일 국내 관광객들이고 나 같은 외국인은 거의 찾아볼 수가 없었다. 도시 뒤로 독일의 최고봉인 츄크슈피체(Zugspitze) 라는 암벽으로 둘러싸인 높은 봉우리(해발 2,962미터)가 우뚝 솟아 있어 장관이었다. 시내에서 바라보니 섬뜩할 정도로 위협적이다. 케이블카로 올라갈 수도 있다고 하는데 일정상 마음의 여유가 없었다. 모텔 수준의 호텔이라 주인아저씨가 친근하게 대해주어서 노르웨이에서부터 시작한 지금까지의 자전거 여행 얘기를 해주었더니 감동받았는지 와이프한테도 인사를 시켜 주었다. 식당을 소개받아 찾아간 바바리안 식당은 정말로 괜찮았다. 15유로에 돼지고기 하며 소시지 등 전통 지방 요리라며 생맥주까지 줘서 허겁지겁, 그리고 말끔히 다 먹어 치웠다.

가스를 구하러 물어물어 갔더니 6시가 넘었다고 문을 닫았다. 여기저기 시내를 배회하다 보니 어느 야외 공연장에서 멋진 드레스에 잘 차려입

가르미슈파르텐키르헨에 도착 후 호텔주인이 소개해준 바바리안 식당은 정말로 괜찮았다. Farmers´ Flypan 이라는 메뉴를 시켰더니 15유로에 돼지고기 하며 소시지 등 전통 지방 요리라며 생맥주까지 줘서 허겁지겁, 그리고 말끔히 다 먹어 치웠다.

은 정장 차림의 남녀 수십 쌍이 댄스파티를 하고 있었다, 너무 멋지고 유럽스러운 모습이었다. 도시 이름이 너무 생소하고 긴 이름이라서 물어보니 가르미슈와 파르텐키르헨 두 도시가 합쳐져서 그런 긴 이름이 되었단다. 하여튼 이 도시는 꼭 다시 오고 싶다는 생각이 들 정도로 멋있었다.

8월 6일 - 43일차

오늘의 목적지는 알펜루트의 종착점이라고 할 수 있는 퓌센이다. 어제 봐둔 산악 장비점이 9시에나 문을 연다고 하여 느지막이 출발했다. 다행히 내가 찾는 방식의 가스를 살 수 있었다. 시내를 빠져나오는데 Zugspitze 산의 웅장한 모습에 자꾸 멈추게 되었다. 그 웅장함을 사진으로 담아 내려 해도 내 사진 실력으로는 역부족이었다.

10Km쯤 가니 본격적인 임도 길이다. 짐만 없으면 끝바 없이 자전거로 갈 만한 정도였고 좌우 경관이 알프스를 실감케 하였다. 간간이 자전거 타는 사람

가르미슈파르텐키르헨 시내 뒤로 독일의 최고봉인 츄크슈피체(Zugspitze)
라는 암벽으로 둘러싸인 높은 봉우리(해발 2,962미터)가 우뚝 솟아 있어 장
관이었다. 시내에서 바라보면 섬뜩할 정도로 위협적이다. 케이블카로 올라갈
수도 있다고 하는데 일정상 마음의 여유가 없었다.

들도 자주 눈에 띄었다. 가파른 500미터 정도 되는 임도 고갯길을 하나 넘으니

Plansee(플란호수)에 도착했다. (약 60Km 주행) 너무너무 절경이다. 호숫가 휴

게소에서 햄버거로 점심을 사 먹으며 주변을 돌아보니 가족 단위 여행객들이 많

고 특히 오토바이 여행객들도 쌍쌍이 몰려다닌다.

시내를 벗어나서 10Km쯤 가니 본격적인 임도 길이다. 짐만 없으면 끝 없이 자전거로 갈 만한 정도였고 좌우 경관이 알프스를 실감케 하였다. 간간이 자전거 타는 사람들도 자주 눈에 띄었다.

유럽 자전거 여행

가파른 500미터 정도 되는 임도 고갯길을 하나 넘으니 Plansee(플란호수)에 도착했다.
너무너무 절경이다 !!!

호수 변 찻길 따라 달리는데 갑자기 급경사가 나타나는데 경사가 하도 심해
브레이크를 잡고 있는데도 시속 50Km가 넘었다. 안장 위에서 바라보는 주변
산세들의 웅장함은 이루 말할 수가 없었다. 이 산도 멋있고 저 산도 멋있다. 유
럽에 자전거를 타러 왔으면 최소한 여기는 와봐야 한다고 생각이 들 정도였다.

안장 위에서 바라보는 주변 산세들의 웅장함은 이루 말할 수가 없었다. 이 산
도 멋있고 저 산도 멋있다. 유럽에 자전거를 타러 왔으면 최소한 여기는 와봐
야 한다고 생각이 들었다.

그런데 퓌센에 거의 다 와서 아무 생각 없이 길 따라 오다 보니 어쩌다가 고
속도로에 들어와 버렸다. 역주행으로 빠져나올 수도 없고 도로변은 펜스로 막
혀 있어 앞으로 내달릴 수밖에 없었다. 자동차들의 속도가 100Km도 넘어 보였
고 노견도 좁아 큰 차가 지나가면 핸들이 휘청거렸다. 겁이 나기도 하고 혹시 경
찰한테 걸리면 벌금을 물릴지도 모른다는 생각에 다음 출구까지 정신없이 내달
렸다. 7Km 정도 달리니 출구가 있어 일반 국도로 빠져나올 수 있었다. 우여곡
절 끝에 오후 3시가 넘어서 퓌센에 도착할 수 있었다. 시내 관광안내소에 들러
방을 알아보니 가격대를 불문하고 빈방이 없다고 한다. 어찌할꼬…? 그러는 중
에 몇 번 전화를 해보더니 취소된 방이 하나 있으니 그리로 가라고 한다. 59유
로에 주인도 불친절하고 시설도 별로인 데다가 고개를 하나 넘어야 갈 수 있는
곳에 위치해 있었지만, 방이 이것밖에 없다고 하니 군소리 말고 들어갈 수밖에
없었다. 이곳 퓌센이 너무 유명한 곳이라 내일 하루를 더 묵을까 하는 미련도 있
었으나 방도 없고 물가도 비싸 내일 바로 떠나기로 했다. 그렇다면 시간이 없으
니 오늘 피곤하더라도 짐만 풀고 오후 5시가 넘었지만 우선 디즈니랜드의 심볼

디즈니랜드의 심볼로 유명한 노이슈반슈타인성(Schloss Neuschwanstein)
부터 가보기로 했다. 자전거로 5Km를 달려 성을 찾아가 보니 약 1Km를 끌
바로 언덕을 올라야만 했다. 성 구석구석을 둘러보고 성밖에서 성을 바라보니
멀리서 보는 게 훨씬 더 신비감이 들고 멋있는 것 같았다.

로 유명한 노이슈반슈타인성(Schloss Neuschwanstein)부터 가보기로 했다.
자전거로 5Km를 달려 성을 찾아 가보니 관광객들이 많이 붐볐으며 그중에 중
국인들이 대부분인 것처럼 느껴졌다. 저 많은 중국인들이 어떻게 이 구석진 곳
을 알고 찾아왔을까 하는 의구심이 날 정도였다. 약 1Km를 끌바로 언덕을 올라
성 구석구석을 둘러보니 멀리서 보는 게 훨씬 신비감이 들고 멋있는 것 같았다.

돌아오는 길에 바바리안 요리를 또 먹고 싶었지만, 관광지라 그런지 너무 비
싸서 중국식당에서 볶음밥으로 만족해야 했다. 호텔에 돌아와서 앞으로의 일정
을 연구해보니 내일부터 스위스 린다우 호수로 이틀 정도 라이딩해야 되는데 가
는 길이 만만치 않아 보였다. 지도상으로 보니 업다운이 심한 120키로의 구간을
통과해야 하는데 여행 말기라 그런지 살살 꾀가 나기 시작했다. 그래서 40Km
떨어진 켐프텐(Kempten)이라는 도시까지 자전거로 가서 린다우행 기차를 타
기로 마음을 먹었다. 이렇게 결정을 해놓고 나니 마음이 한결 가벼워지고 부담
감이 없어 잠을 푹 잘 수 있었다.

갑자기 보덴호수를 건너 스위스로 가고 싶어졌다.

체크아웃하며 주인에게 린다우 가는 기차 편을 물어보니 프론튼(Phronten) 기차역이 더 가까우니 그리 가란다. 그런데 알려준 길로 가니 산을 몇 개 넘는 난 코스다. 욕을 해대며 몇 번의 끌바를 하고 20Km를 가서야 기차에 탈 수 있었다. Kempten이라는 곳에서 기차를 환승하는데 기차가 구식이라 계단이 높고 좁아서 페니어를 분리해 놓지 않았으면 기차를 놓칠 뻔했다. 우여곡절 끝에 오후 2:30분에 린다우에 도착할 수 있었다. 관광안내소에 들러 방을 구하니 여기도 마지막 남은 방이 하나밖에 없단다. 왜 이리 마지막 방을 자주 만나는지 모르겠다. 내가 운이 좋은 건지 이 친구들이 생색내려고 그래 보는 건지... 6인실이 30유로 정도.… 샤워 후 잠시 쉬었다가 린다우 시내 구경을 나가면서 슈퍼에서 저녁을 간단히 해결했다. 시내를 둘러보니 큰 호수 변의 오래된 도시 모습인데 크게 볼 거는 없는 듯했다. 린다우 호수는 말이 호수지 웬만한 바다처럼 느껴졌다. 바라다보이는 건너편이 스위스라고 한다. 돌아와 보니 같은 방에 31세 되는 헝가리 젊은 친구가 들어와 있었다. 자전거 여행을 한다고 해서 무척 반가웠는데 하루에 140Km는 보통이라고 이 친구 꽤나 거들먹거렸다.

45일 차 8/8 금

호수 변을 따라 길이 잘 나 있었다. 이 길 따라 호수 건너편으로 돌아가
라인강의 출발점이라고 생각되는 콘스탄츠로 갈 예정이었다.

어제 사 온 빵과 사과 한 개로 아침을 간단히 해결하고 호스텔을 나서니 호수
변을 따라 길이 잘 나 있었다. 이 길 따라 호수 건너편으로 돌아가 라인강의 출
발점이라고 생각되는 콘스탄츠로 갈 예정이다. 한두 시간 가다 보니 바센보그
(Wassenburg)라는 마을에 도착했는데 마을이 자그마하고 이쁘다는 인상을 받
았다. 마을 한가운데 공원이 있어 벤치에 앉아 쉬는데 맞은편 빵 가게에서 구수
한 냄새가 나고 동네 사람들이 빵 사느라고 뻔질나게 들락거렸다. 유럽 사람들
은 아침마다 빵을 사서 식사를 해결하는가 보다. 랑헨나르겐(Langenargen)이
라는 마을을 지나며 거리 카페에서 커피를 마시며 호수를 바라보다 문득 이런
생각이 들었다. 콘스탄츠를 경유해서 라인강으로 빠지면 스위스 끝자락을 스치
고 다시 독일로 들어가야 하는데 여기까지 왔는데 구경도 할 겸 스위스 가운데
로 통과하고 싶은 생각이 들었다. 지도를 살펴보니 조금만 더 가면 프레드리히
샤픈(Friedrichshafen)이라는 마을이 있는데 큰 페리선 선착장이 있고 건너편
에 있는 로만손(Romanshorn)으로 넘어가 취리히로 가는 기차를 탈 수 있을 것

같았다. 서둘러 선착장으로 내달려서 제일 마지막으로 배에 올라탈 수 있었다. 10유로에 두 시간 정도 걸려 오후 1:20에 도착했다. 로만손(Romanshorn) 기차역으로 달려가 보니 줄이 두 줄이 있길래 아무 데나 줄을 서서 창구에 들이대니 여기는 독일 방향으로 가는 기차 줄이란다. 다른 줄에 가서 또 기다려서 겨우 취리히 행 오후 3:03 기차 티켓을 샀다. 우선 스위스는 유로 통용국이 아니라서 현금 지급기에서 200 S.Fr을 인출했다. 1 시간 여유가 있어 맥도날드에서 점심을 해결하고 기차를 타니 기분이 날아갈 것 같았다. 오후 4:20 취리히역에 도착하여 관광안내소에 들러서 쌈 직한 호스텔을 알아보니 여기도 마지막 방이란다. 나 원 참... City Backpacker Hostel이라는 낡고 답답한 5층짜리 여인숙 수준이었다. 리프트는 당연히 없고 시설이 최악인데 37 스위스 프랑이나 한다. (한화 약 45천 원) 자전거는 지하창고에 보관하고 짐을 들고 5층까지 두 번에 걸쳐 올라가는데 스위스에 대한 환상이 다 깨지는 것 같았다. 스위스에서는 텐트에서만 자야겠다고 다짐했다. 저녁을 먹고 자전거 타고 시내를 한 바퀴 도니 취리히는 물가가 엄청 비싸고 특별히 볼 만한 것도 없어서 더 머물고 싶다는 생각이 들지 않았다. 호스텔에 돌아오니 투숙객이 많이 들어왔는데 다 젊은 아가씨들이다.

취리히는 오래된 도시이기는 하지만, 특별히 볼 거리는 없는 것 같았고
무엇보다도 물가가 워낙 비싸서 오래 머물 생각이 안 들었다.

8월 9일 - 46일 차

호스텔 안이 밤새 너무 더워 잠을 설쳤다. 아침 7시에 일어나 공동식당에서 아침을 먹는데 아무도 일어나는 사람이 없었다. 호스텔을 나서는데도 주인이 나타나지를 않아서 한참을 기다려서야 지하창고에서 자전거를 꺼낼 수 있었다. 그런 데다가 밤새 비가 와서 땅이 젖어 있었고 아직도 부슬부슬 비가 내리고 있었지만 더 이상 지체할 수가 없어서 9시에 출발했다. 스위스의 자전거 길은 너무도 정비가 잘 되어있다. 자전거길 레인이 확실히 그어져 있었고 노견도 넓어 루체른(Luzern)까지 가는 길에 언덕이 몇 개 있었지만 라이딩하기에는 아주 좋았다. 루체른에 가까이 가서 좀 더 질러간다고 호수 변으로 돌아가니 업다운이 꽤 있어 힘이 많이 들었다. 피로가 누적되어서 그런지 50Km 넘어서부터는 피로감이 허벅지에 몰려오기 시작했다. 루체른 호수 주변에는 캠핑장이 몇 개가 있는데 시내에서 가깝고 나무 그늘도 있고 경관도 좋은 곳을 찾아가려고 몇 군데를 지나쳤다. 결국 시내 제일 가까운 곳까지 가서 캠핑장을 찾으니 빈 자리가 있단다. 혹시 자리가 없으면 다시 되돌아 가야 해서 마음이 조마조마했었는데 다행이었다. 하룻밤에 23 S.Fr (한화 약 2만8천 원) 으로 너무 비쌌지만, 루체른 호수 변에 위치해 있고 저 멀리 알프스 산군도 보이고 나무 그늘도 있어 캠핑장으로서는 너무 맘에 들었다.

루체른 호수변에서 바라본 알프스산군들…

몸이 많이 지쳐있어서 텐트 치는 데도 힘이 들었다. 오후 3:30에 텐트 치고 그늘에서 널브러져 쉬는데 벌써 5시가 다 되었다. 아차!! 오늘이 토요일이지 하는 순간 스프링처럼 튀어 올라 가장 가까운 동네 슈퍼에 갔더니 벌써 문을 닫았다. 스위스는 토요일엔 오후 4시에 문을 닫는단다. 독일은 6시에 닫는데… 망연자실.. 이틀 동안 먹을 게 없는데,, 동네 아줌마가 지나다 난감해하는 나를 보고 시내 기차역에 가면 늦게까지 하는 슈퍼가 있단다. 그래요?? 너무 반가워 자전거로 15분간을 정신없이 달려서 시내 대형마트에서 먹거리를 잔뜩 사서 자전거에 실어 놓으니 세상을 다 얻은 기분이었다. 훈제 돼지고기에 고추장 한 숟갈 넣고 볶으니 그야말로 환상의 제육볶음이 되었다. 여기에 흑맥주 한 캔 곁들이니 여기가 천국이구나 하는 생각이 들었다. 옆자리에 한국인 부부가 아이 둘하고 캠핑을 하고 있었는데 내가 한국 사람이라는 것을 알 텐데 아는 체도 안 해서 좀 서운한 감이 들었다. 200 S.Fr 중 60불 남았다. 이걸로 이틀 남은 스위스 일정을 모두 마칠 수 있을까??

8월 10일 - 47일 차

밤새 비가 오더니, 아침이 돼서 그쳤다. 아침 식사를 라면에 밥 말아 먹고 있는데 옆자리에 독일 청년 한 명이 텐트 앞에서 아침 식사를 하고 있었다. 집이 프라이부르크(Freiburg)인데 자전거로 바젤을 거쳐 어제 늦게 여기에 도착했다고 한다. 오늘 알프스를 자전거로 넘어가는데 표고차 2천 미터를 올라가야 되는데 나 보고도 같이 가자고 한다. 나도 가고 싶은 마음이 굴뚝 같았지만, 체력적으로도 지쳐있었고 알프스를 넘어가면 이탈리아가 되는데 일정이 뒤틀어져서 정중히 사양했다. 그 청년이 떠나가는 모습을 바라보며 나도 언젠가는 알프스를 한번 넘고 싶다는 생각이 들었다. 점심때까지 쉬다가 간단한 점심거리를 챙

루체른 호수 주변의 멋진 경관들 …

겨 들고 자전거 타고 시내로 들어갔다. 공원 벤치에서 알프스를 바라보며 점심을 먹으니 소풍 온 기분이었다. 루체른 거리에는 관광객이 넘쳐나고 호수 변의 경치도 좋아 여기저기 사진을 찍어 보았는데 사진상으로는 도저히 그 감동을 살려낼 수 없어서 사진 찍기를 포기하고 말았다. 캠핑장으로 돌아와 나무 그늘에서 판초 깔고 누워서 재즈 색소폰 연주를 들으며 뒹굴뒹굴 엎어져 있었다. 혼자 우두커니 쉬는 것이 처음에는 지루했으나 이제는 익숙해져서 시간이 잘 간다.

내일은 바젤로 향해야 하는데 100Km가 넘고 큰 고개도 몇 개 넘어야 해서 중간에 하루 캠핑을 할 예정이다.

8월 11일 - 48일 차

밤새 비가 많이 내렸다. 몇 번 일어나 텐트의 방수 상태를 점검해 보니 여기저기서 물이 배어 나온다. 플라이가 없어 판초와 비닐로 보강을 했음에도 여행 기간이 한 달이 넘으니 접고 피는 과정이 반복되어 코팅이 많이 손상되었나 보다.

밤새 비가 많이 내렸다, 몇 번 일어나 텐트의 방수 상태를 점검해 보니 여기저기
서 물이 배어 나왔다. 플라이가 없어 판초와 비닐로 보강을 했음에도 여행 기간
이 한 달이 넘으니 접고 피는 과정이 반복되어 코팅이 많이 손상되어 있었다.

텐트 안에서 빵과 요구르트로 아침 식사를 간단히 해결하고 짐도 꾸리면서 비
그치기를 기다리니 9시가 넘어서야 비가 그쳤다. 텐트가 젖어 짐을 실으니 천근
만근이다. 저 멀리 알프스가 보이는 루체른 호수 변 산책로를 따라 페달을 밟으
니 기분이 너무 상쾌했다. 10Km쯤 가다가 또 비가 떨어져서 처마 밑에 잠시 쉬
었다. 얼마 후 다시 출발하니 길이 산길로 이어지는데 숲속에 군인들이 훈련을
하는지 수십 명이 몰려 있었다. 말없이 그 옆을 지나는데 장교로 보이는 군인이
어디까지 가냐고 물으면서 길 안내까지 친절히 해준다. 숲속으로 얼마 안 가서
작고 가파른 언덕길을 오르고 있었는데 갑자기 폭우가 쏟아졌다. 언덕이라 속도
도 못 내고 언덕을 헉헉거리며 넘어섰는데도 인근에 민가가 안 보였다. 몸은 이
미 푹 젖어버렸고 정신없이 달리는데 빗방울이 얼마나 크던지 얼굴이 아팠다.
약 500미터쯤 가서 헛간 같은 건물이 있어 얼른 처마 밑으로 들어서 보니 젖소

수십 마리가 기거하는 우사였다. 소들의 큰 눈망울을 바라보며 한 시간여를 처마 밑에서 기다렸는데 아직도 비가 계속 왔다. 온몸이 폭삭 젖어 몸이 떨려 오기 시작했다. 벌써 12시가 넘었는데 비가 언제 그칠지도 모르겠고 이런 상황으로는 캠핑장 근처도 못 갈 것 같았다. 지도를 보며 바젤(Basel)로 점프할 수 있는 방법이 없나 연구해봤다. 이젠 기차로 점프하는 것이 너무나 익숙해졌다. 마침 주인 할아버지가 우사를 돌아보느라고 내려왔다가 물끄러미 쳐다보고는 지나치길래 영어로 길을 물으니 얼마 떨어지지 않은 자기 집을 손으로 가리키며 뭐라고 한다. 아마도 본인은 영어가 안되니 집에 있는 아들한테 물어보라는 제스쳐 같았다. 언제까지 밖에서 떨고 있을 수도 없고 해서 비가 뜸해진 틈을 타서 우의를 둘러 입고 그 할아버지 집 현관문을 두드렸다. 멀끔히 생긴 젊은이가 나와서 가까운 로텐부르크(Rothenburg) 기차역을 안내해주었다. 독일 로맨틱 가도에 있던 도시와 도시명이 같았다. 2Km를 달려 기차역에 도착해보니 무인 기차역이라 물어볼 역무원도 없고 독일어로 된 자판기만 있을 뿐이었다. 자전거 티켓을 따로 사야 하는 건지 어디서 갈아타야 하는 건지 도무지 영어가 안 통하니 한숨만 쉬고 있는데 어느 아가씨가 영어로 친절히 안내해주었다. 기차를 일단 잡아타고 중간에 섭시(Supsee)에서 한 번 갈아 탄 다음에 배낭을 뒤져서 젖은 옷부터 갈아입었다. 그러고 나서 기차 안에서 남은 빵으로 늦은 점심을 먹었다. 기차 운임으로 자전거 포함 약 50 SFr을 지불했다. 3시쯤 바젤에 도착해서 독일 쪽에 있는 캠핑장으로 가는데 시내 한가운데에 들어서니 독일, 스위스, 프랑스 국경이 동시에 접하고 있어 묘한 느낌이었다. 캠핑장은 라인강변에 인접해 있는데 시설은 안 좋았지만 8유로로 싸고 근처에 Match라는 프랑스 대형 슈퍼가 있어 그런대로 괜찮았다. 제육볶음에 맥주 한잔하고 나니 기분이 좋아졌다. 내일부터는 라인강 따라 뒤바람에 내리막에... 너무 느긋했다.

라인강 따라 바젤에서 프랑크푸르트로 귀환

8월 12일 - 49일 차

이제부터는 라인강만 따라 내려가기만 하면 된다. 중간에 프라이부
르크, 하이델베르크 등 강에서 가까운 도시들도 잠깐씩 들러서 관광
하며 프랑크푸루트로 향할 것이다.

이제부터는 라인강만 따라 내려가기만 하면 된다. 중간에 프라이부르크, 하이델베르크 등 강에서 가까운 도시들도 잠깐씩 들러서 관광하며 프랑크푸르트로 향할 것이다. 감기가 좀 나아지는 것 같더니만 어제 비를 잔뜩 맞고 한기가 들었는지 다시 몸 상태가 썩 좋지가 않았다. 9시쯤 느지막이 출발하니 비포장이기는 하나 길 상태가 좋고 뒤바람이고 조금씩이라도 내리막이라서 평균 시속이 22~25Km로 달릴 수 있었다. 모처럼만에 페달을 마음껏 밟으니 날아갈 것 같았다. 페달을 밟고 안장에서 일어나서 인디언처럼 괴성을 질러가며 신나게 달리고 나니 50Km를 왔다. 프라이부르크로 가려면 강변을 벗어나 약 30Km를 안으로 들어가야 했다. 기나긴 옥수수밭 한가운데를 가로질러서 언덕을 몇 개 넘어서니 프라이부르크에 도착했다.

기나긴 옥수수밭 한가운데를 가로질러서 언덕을 몇 개 넘어서니
프라이부르크에 도착했다.

관광안내소에 들러 숙소를 알아보니 호텔은 예약해주는데 호스텔은 명단만 주고 직접 하라고 한다. 명단을 들고 전화를 하는데 자꾸 끊어져서 길가는 아줌마에게 도움을 요청했다. 3개 중에 한 군데에서 방이 있다고 회답이 왔다. 1Km

쯤 시내를 들어가 찾아가니 오래된 건물이지만 가격도 싸고 그런대로 묵을 만했다. 7인실이 21유로.. 고민하다가 하루 더 있기로 하고 이틀을 예약하고 저녁까지 푹 쉬었다.

8월 13일 - 50일 차

천 년도 넘어 보이는 오래된 도시라 길이 복잡하고 관광객들이 넘쳐났다.

오늘이 유럽 여행 50일째 되는 날이다. 오전 내내 비가 오고 있었고 바람도 엄청나게 불었다. 오늘 쉬기로 한 것이 너무 탁월한 선택이라고 생각되었다. 점심때까지 쉬다가 비옷 입고 자전거를 타고 시내를 나갔다. 천 년도 넘어 보이는 오래된 도시라 길이 복잡하고 관광객들로 붐빈다. 중앙역 앞에 맥도날드에서 점심을 해결하고 슈퍼에 들러 저녁거리로 돼지고기와 식료품을 구입해서 호스텔에 갖다 놓았다. 시내 구경을 다니다가. Salewa 대리점 앞을 지나다가 Big Sale이라고 적혀 있어 들어가 보니 맘에 드는 2인용 텐트가 180유로란다. 여행이 한 달이 넘어가면서 텐트에 물이 새기 시작하는데 점점 더 심해져서 고민이었다. 망설이다가 덜컥 사서 들고나오는데 너무 뿌듯했다. 호스텔에 와서 그동안 정들었던 낡은 텐트와 이별하고 실내에서 새 텐트를 쳐보니 너무 맘에 들었다. 저녁 식사로 공동 취사장에서 돼지고기에 라면스프 한 숟갈, 고추장 한 숟갈 넣고 제육볶음 요리를 하는데 라면스프 냄새에 취해 옆에 조리하던 스페인 젊은 친구들이 그게 뭐냐고 킁킁댔다. 마법의 가루라고 소개하면서 라면스프 한 숟갈을 퍼주니 고맙다고 했다. 잠자리에 드는데 비바람이 점점 더 심해지고 있었다. 내일은 그쳐야 하는데…

8월 14일 - 51일차

새벽부터 서둘렀지만 8시가 넘어서야 출발할 수 있었다. 여행 막바지가 되다 보니 점점 더 게을러지는 것 같다. 다행히 비가 그친 데다가 뒤바람이라 엄청나게 밟아댔다. 본래는 오늘 130Km 떨어진 바덴바덴(Badenbaden) 근처에 있는 캠핑장까지 갈 요량으로 마음 단단히 먹고 출발했는데 쉬면서 Mapsme로 검색해 보니 110Km쯤에 호수가 옆에 캠핑장이 있는 것을 찾아내곤 너무 반가웠다. 비가 많이 왔던 관계로 라인강변의 자전거길을 피해서 나란한 5번 국도를 타고 갔는데 너무 잘한 선택이었다.

비가 많이 왔던 관계로 라인강변의 자전거 길을 피해서 나란한 5번 국도를 타고 갔는데 너무 잘한 선택이었다.

그런데 50Km를 지나오면서 비가 다시 오락가락해서 진행이 더뎌졌다. 슈퍼에 들러 행동식으로 점심을 때우면서 비 그치기를 기다리다 다시 출발했으나 30분 만에 또 비… 찻길 옆에 과일 파는 포장마차가 있어 천막 밑으로 뛰어 들어가니 행상 아저씨가 물끄러미 쳐다보더니 불쌍해 보였는지 기스난 사과를 하나 건넸다. 너무 맛있게 잘 먹었다. 거지가 따로 없다. 비가 뜸해지길래 다시 출발했으나 한 시간 만에 또 비가 왔다. 길가의 어느 카페에 들러 커피 한 잔을 하며 비 그치기를 기다렸다. 이제 3시인데 80Km 왔으니 부지런히 20~30Km 더 가면 5시쯤엔 캠핑장에 도착할 수 있을 것 같았다. 중간에 대형마트가 있어 또 돼지고기 사 들고 캠핑장에 도착하니 저녁 6시다. 116Km 주행. 너무 허기지고 지쳐서 씻기도 전에 밥부터 해 먹고 맥주 한 캔 마시니 8시가 넘어 어두워졌다. 새 텐트에서 처음 자보니 새 집에 이사 들어온 느낌이었다.

프라이버그 시내에서 구입한 . Salewa 텐트는 마음에 들었다.
새 텐트에서 처음 자보니 새 집에 이사 들어온 느낌이었다.

8월 15일 - 52일 차

오늘이 라인강 종주 마지막 날이다. 원래는 마인츠(Mainz)까지 가서 마인강을 타고 프랑크푸르트로 가야 되나 계속되는 우천으로 지연되어 날짜도 촉박하고 한 달 전에 친구들하고 지나가 본 길이라 하이델베르크까지만 가고 거기서 프랑크푸르트까지 기차로 점프하기로 마음먹었다.

아침에 일어나니 비가 계속 내리고 있었다. 비가 뜸한 틈을 타서 얼른 텐트를 걷고 짐을 꾸려서 관리실 앞에서 비를 피하고 있었는데 왠걸.. 10시가 넘으니까 폭우로 돌변했다.

그런데 아침에 일어나니 비가 계속 내리고 있었다. 이전 텐트였으면 아마도 비가 줄줄 샐 정도로 밤새 많은 비가 내렸다. 다행히 새 텐트라서 젖은 데는 없는데 내피가 모기장으로 된 면적이 넓어 다소 추운 게 흠이다. 버너를 켤 수가 없어 텐트 안에서 빵과 요구르트로 아침을 간단히 먹고 텐트를 걷어야 하는데 8시가 넘어도 비가 그치지를 않았다. 그래도 오늘은 무조건 떠나야 하기 때문에 비가 뜸한 틈을 타서 얼른 텐트를 걷고 짐을 꾸려서 관리실 앞에서 비를 피하고 있는데 10시가 넘으니까 폭우로 돌변했다. 아! 이거 날 샜구나 하는 불길한 생각이 들었다. 오늘 뒤바람에 내리막이라 하이델베르크(Heidelberg)까지 마지막으로 원 없이 달려보려고 했는데 너무 아쉬웠다. 마음 내려놓고 비 맞아가며 10Km 떨어진 보올(Bohl) 역으로 향했다. 12:40 기차로 하이델베르크에 오니

3시가 다 됐다. 관광안내소에 들러서 방을 수배해보니 여기서도 호텔은 예약을
해주는데 호스텔은 명단만 주고 본인이 직접 알아보란다. 아마도 독일의 관례인
가 보다. 공중전화로 호스텔 세 군데 알아 보니 빈자리가 없단다. 아! 오늘이 주
말이구나.. 할 수 없이 쌈 직한 호텔을 알아봐 달라고 하니 61유로에 괜찮은 방
을 잡을 수 있었다. 10Km 더 가면 캠핑장이 있어 캠핑을 할 수가 있는데 그러
면 하이델베르크 시내 구경을 못 하니 어쩔 수가 없었다. 짐 풀고 맛집을 조회하

니 붉은 황소집이 검색된다. 자전거 타
고 시내 나가서 흑맥주를 곁들인 학센(
독일식 족발)으로 멋진 저녁 식사를 할
수 있었다. (16유로) 마침 한국 대학생
3명과 합석을 해서 더 즐거운 식사를
할 수 있었다. 하우프스트라세(Haupt
Strase)가 가장 붐비는 명소라 한가로
이 걷는데 어느 과자점에 한국 아가씨
들이 우르르 들어가는 게 눈에 띄었다.
따라 들어가서 주먹만 한 과자 하나를
2유로에 사 들고 우적우적 씹으며 거리
를 걸었다. 도시가 이쁘고 운치가 있었
다. 괴테가 걸었다는 산책로를 자전거
로 한 바퀴 돌고 호텔로 귀환…

하이델베르그 시내는 이쁘고 운치가 있었다.
괴테가 걸었다는 산책로를 자전거로 한 바퀴
돌고 호텔로 귀환했다.

　　내일이면 프랑크푸르트로 간다. 이제 여행은 종착역에 다 온 셈이다.

8월 16일 - 53일 차

밤새 또 비가 왔다. 호텔 방에서 남은 빵으로 아침을 먹고 10:20 기차로 프랑크푸르트로 귀환했다. 마치 고향에 온 것 같았다. 지난번에 묵었던 한인 민박집에 짐을 풀어놓고 바로 한 달 전에 가봤던 스포츠 전문매장인 Globetrotter로 갔다. 한국에서 인터넷으로 많은 도움을 주었던 친구에게 선물할 오트립 페니어를 사러 갔다. 한국에 비해서 너무 싸고 자전거 타는 사람들한테는 너무 좋은 선물인 것 같았다. 헬맷이 싸고 멋있어 보여 써보니 두상이 동양인하고는 달라 쓸 수가 없었다. 이것저것 구경만 하다가 귀가했다..

8월 17일 - 54일 차

일요일이라 딱히 할 일도 없고 하여 민박 아줌마에게 물으니 독일에 오면 학센과 아펠바인을 먹어봐야 한단다. 시내에 멀지 않은 곳에 유명한 식당(Klosterhof)이 있다고 해서 자전거 타고 가보니 독일 노인네들이 눈에 많이 띄었다. 미루어 짐작건대 꽤 오래되고 전통 있는 음식점 같았다. 사과로 빚은 포도주에 돼지 뒷다리를 통째로 구워서 양이 엄청 많았다. 두 달 동안 거지 생활한 필자도 끽끽 대며 겨우 먹었으니 얼마만 한 양인지 짐작이 될 것이다. 오후에 들어와 민박집에 맡겨놓았던 자전거 박스를 꺼내 자전거를 분해 포장을 하고 현관 계단 난간에 묶어놓았다.

8월 18일 - 55일 차

이제 가는 일만 남았다. 한국인 기사 아저씨가 운전하는 밴 택시를 대절해서 프랑크푸르트 공항으로 이동했다.

북유럽과 중부유럽은 다녀왔으니 이번에는 프랑스와 스페인을 중심으로 다시 한번 자전거여행을 떠나고 싶은 생각이 항상 마음속에 자리 잡고 있었다. 특히 산티아고 순례길은 반드시 가고 싶은 코스라서 혼자라도 떠나겠다는 생각을 해왔다. 마침 친구들 몇 명이 의기투합하여 네 명이 항공권까지 구입을 했으나 이런저런 사정으로 결국은 두 명만이 떠나게 되었다.

이번에는 5년 전의 경험을 바탕으로 나름대로 짜임새 있는 여행 일정을 수립해 보았다. 일단은 파리로 들어가서…

처음 15일간은 프랑스의 르아르강을 따라 낭트까지(유로벨로 6번 길) 간 다음, 대서양을 따라 스페인 국경까지 간다(유로벨로 1번 길) (약 900키로)

두 번째 15일간은 스페인의 산티아고 순례길을 간다(약 800키로)

마지막 15일간은 포루투갈 대서양 변을 따라 스페인 지브랄터까지 간다(약 700키로)

그리고 마드리드를 통해 귀국하는 계획이었다. 그러나 여행의 기본 뼈대는 이렇게 세웠을 뿐 상황에 따라 적절히 대응하기로 하고 장도에 나섰다.

여행의 시작... 파리..

오후 1:20 파리행 대한항공 편으로 출발…

자전거 박스와 별도로 여러 개 짐을 박스에 포장해서 20Kg 박스 하나에 담으니 너무 편했다. 하지만 친구가 배터리를 박스에 넣은 것을 뒤늦게 알고 부리나케 자전거 박스 귀퉁이를 뜯어야만 했다. 23Kg 짐 하나만 허용된다고 해서 100유로(13만 원)를 내야 했다. 파리에 도착하니 드골공항은 우리 인천공항에 비해 여러모로 부족해 보였다. 한인 민박집에서 소개해 준 한인 콜밴에 자전거 박스 두 개와 다른 짐들을 밴 승합차에 가득 싣고 편하게 파리 시내에 입성할 수 있었다. (100유로). 한인 민박집을 이용하면 가격이 일반 호스텔에 비해 약간은 비쌀 수도 있지만 유용한 정보와 서비스를 이용할 수가 있어서 여러모로 편리한 점이 있다. 민박집은 깨끗하고 친절하고 다 좋은데 2인실이 다소 좁은 게 흠이다. 하지만 여러 기차 노선이 만나는 시내 중심지에 있고 조식 포함에 가족적인 분위기라 마음에 들었다. (Paris 5구여인, 2인실 일박에 100유로). 민박집 여주인이 파리에는 도둑이 많다고 해서 비밀번호를 두 번 통과해야 하는 복도 계단에 자전거를 두는 데도 불안해서 세 개의 체인 자물쇠로 칭칭 동여맸다.

새벽 네 시가 넘어도 잠을 못 이루었다. 시차 적응 때문에 한동안 고생해야 할 것 같다.

밤부터 계속 비가 왔다.

민박집에서 제공하는 빵과 음료수로 아침 식사를 하며 모든 입주민과 둘러앉아 한동안 수다를 떨었다. 우리 두 명 말고는 모두가 젊은 여자들이다.

현지 구매품 사러 파리 시내 여기저기를 돌아다녔는데도 캠핑용 가스 파는 데를 못 찾았다. 겨우 가스통을 찾았는데 어댑터 방식이 달라서 사용 불가다. 할 수 없이 민박집 여주인에게 전화해서 물어보니 한인 슈퍼에는 부탄가스가 있을 거라고 한다. 지하철 타고 한인 슈퍼에 가서 부탄가스 네 개를 구입할 수 있었다. 이렇게 구하기가 어려우니 네 개를 다 쓰고 나면 어떻게 하나 걱정이 앞섰다. 한인 슈퍼에 온 김에 에어로졸 살충제, 조식용 수프 등도 구매했다.

저녁 식사 후 민박집에서 알려준 재즈 카페(Café de flore)를 찾아가서 멋진 스윙 댄스를 구경했다. 영화 라라랜드에 나오는 재즈 카페라는데 그 영화 무대가 LA인 것으로 알고 있는데 파리에서 촬영했다고 하니 좀 혼란스러웠다.

재즈 카페(Café de flore)를 찾아가서 멋진 스윙 댄스를 구경했다. 영화 라라랜드에 나오는 재즈 카페라는데 그 영화 무대가 미국 LA인 것으로 알고 있는데 파리에서 촬영했다고 하니 좀 혼란스러웠다.

오를레앙에서 르아르강과 만나다.

유로벨로 6번 길은 프랑스 대서양변 생나제르에서 시작해서 르아르 강변을 따라 스위스를 거쳐 흑해까지 가는 자전거길인데 우리는 르아르강 중간에 있는 오를레앙에서 낭트로 출발할 예정이다. 일단 낭트까지 간 다음에는 대서양변 유로벨로 1번 길을 따라 남하해서 스페인 국경을 넘어 산티아고 순례길을 따라 라이딩을 할 예정이다.

아침에 일어나니 아직도 비…

오후에 갠다니 비 조금 맞더라도 출발하기로 했다. 조식 후 민박집 바로 앞에 있는 우스테리츠(Austeriz) 역으로 가서 10:20 오를레앙행 기차에 탑승했다.

기차는 쾌적하고 공간이 넓어 우려와 달리 자전거 휴대가 편리했다.

민박집 바로 앞에 있는 Austeriz 역으로 가서 10:20 오를레앙행 기차에 탑승했다. 기차는 쾌적하고 공간이 넓어 우려와 달리 자전거 휴대가 편리했다.

1시간 정도 후에 도착해서 역 앞에 있는 케밥 집에서 점심을 먹는데 양이 너무 많아 남겼다. 식사를 하며 밖을 보니 자전거에 페니어 실은 여행객들이 자주 눈

오를레앙에 도착 후 시내를 지나가다가 멋진 동상이 있어 사진을 찍고
나서 보니 잔다르크 동상이었다.

에 띄어 반가웠다.

첫날이라 르아르강 따라 40Km
만 가볍게 라이딩을 하고 일찍 캠
핑하려 했으나 역풍과 비포장도
로에서 헤매다가 5시가 넘어서야
겨우 캠핑장에 도착할 수 있었다.
(Camping val de flux). 구글맵
을 따라가다 보니 찻길 아니면 비
포장 지름길로만 안내해 주어서 혼
란스러웠다. 일요일이라서 문 연

첫날이라 르아르강 따라 40Km만 가볍게 라이딩
을 하고 일찍 캠핑하려 했으나 역풍과 비포장도
로에서 헤매다가 5시가 넘어서야 겨우 캠핑장에
도착할 수 있었다.

마트가 없어서 저녁을 굶는 줄 알았는데 다행히 캠핑장에 간단한 매점과 식당
이 있어 식사를 해결할 수 있었다. 지난번 독일, 스위스 여행 시에도 요일 개념

이 없어서 고생했는데 이번에도 이런 실수가 반복되었다. 특히, 도착일은 주말을 반드시 피해야 할 것 같다.

8월 19일 - 4일 차

아침에 가루로 된 오뚜기 수프를 끓여 빵과 먹으니 뜨끈하고 좋았다.

9:30 출발해서 블루아(Blois)까지 가는 길이 경치도 좋고 분위기가 너무 좋았다. 길 표지판도 잘해놔서 우리 4대강과 유사하다는 생각이 들었다. 자전거 길도 잘 정비되어 있어 포도원과 밀밭 사이로 달리다 보면 어린아이들을 동반한 가족 단위 자전거족들을 자주 보게 된다. 너무나 평화롭고 행복한 모습들이었다. 프랑스가 저출산에서 벗어났다는 말이 실감이 들 정도로 가정적인 분위기를 느낄 수 있었다. 그리고 강변길 따라가다 보면 원자력발전소(Saint-Laurent Nuclear Power Plant)를 만나게 되는데 경치 좋은 강가에 갑자기 원자력발진소 냉각탑을 마주치니 생경한 느낌이 들었다.

멋진 강변길 따라가다 보면 원자력발전소(Saint-Laurent Nuclear Power Plant)를 만나게 되는데 경치 좋은 강가에 갑자기 원자력발전소 냉각탑을 마주치니 생경한 느낌이 들었다.

시내에서 스테이크에 맥주 한잔을 하며 새로운 여정을 자축했다(둘이 46유로). 마트에 들러 쇼핑을 하고 나니 벌써 네 시가 다 됐다. 가장 가까운 캠핑장이 15Km에 있어 서둘러서 가는데 역풍에 짐이 많아 속도가 너무 느렸다. 6시 도착..

8월 20일 - 5일 차

아침이 춥다 11도..

구글이 가라는 데로 갔더니 노견도 없는 국도로 안내하는데 지나가는 차들의 속도가 너무 빨라 위협감을 느끼며 달려야 했다. 초긴장 상태로 25Km를 달려서 엉부와즈(Amboise)에서 남쪽으로 강을 건너니 자전거길을 만날 수 있었다. 친구가 앞으로는 자전거길 표시만 보고 가자고 제안했다. 좋은 생각이었다. 구글이 가리키는 길은 자전거길 우선이 아니고 최단 거리 우선이기 때문에 난감할 때가 종종 발생했다. 자전거 전용 길이 구글 지도에 수록이 안 되어 있는 것 같다.

엉부와즈(Amboise)는 유명 관광지인지 사람과 차량이 넘친다. 좀 쉬다 보니 11시가 되었다. 투르(Tours)까지 25Km를 점심 전에 갈 수 있을까? 시간이 어중간해서 출발하니 2시 반에나 도착해서 늦은

엉부와즈(Amboise)는 유명 관광지인지 사람과 차량이 넘쳐나고 있었다.

엉부와즈(Amboise)에서 좀 쉬다 보니 11시가 넘었다. 투르(Tours)까지 25Km를 가는데 도중에 식당이 없어 2시 반에나 도착해서 늦은 점심을 먹었다.

점심을 먹었다. 피자집에서 맥주 한 잔씩 하니 40유로가 넘어서 앞으로는 절약하기로 했다.

점심 후 투르(Tours) 시내를 통과하는데 갑자기 배가 아파 화장실을 찾는데 눈에 띄는 화장실이 없었다. 유럽은 화장실 인심이 인색해서 이렇게 어려운 경우가 종종 발생한다. 어느 카페에 들러서 커피 한 잔 팔아주고 겨우 해결했지만 컨디션이 영 안 좋았다. 15Km를 물어물어 캠핑장 (Camping la migrandie)에 도착했는데 속이 편치 않아서 저녁도 굶고 멀건 수프 반 그릇에 정로환 몇 알 먹고 취침했다.

뭐가 잘못돼서 그런지 잘 모르겠다. 아마도 물이 바뀌어서 그런 게 아닌가 추측되었다.

환상적인 르아르강변...
지나는 마을마다 스토리가 있고 문화가 넘쳐난다.

몸 상태가 안 좋아 하루 쉬기로 했다. 뱃속이 좀 나아지기는 했어도 불편했다. 다음 날 아침에 일어나니 기온이 11도라 추워서 게으름 피우다가 9시에나 겨우 출발했다.

구글 지도보다는 자전거길 표지판을 위주로 가는 것이 큰 실수가 없는 것 같았다. 르아르강 하류로 내려갈수록 경치가 좋고 이쁜 성당과 마을들이 자주 눈에 띄어 라이딩하기에 너무나 좋은 코스라는 생각이 자주 들었다.

사진도 찍고 커피도 마시며 샤방모드로 30Km를 오니 소뮈르(Saumur)에 1시에 도착했다. 도시가 제법 크고 이쁘다. 시내 노천 식당에서 바게트 샌드위치와 환타로 점심을 먹고 15Km를 더 가니 죈느(Gennes)에 도착할 수 있었다. 큰 슈퍼가 있어 쇼핑하고 캠핑장에 4시에 체크인을 했다. 강변이라 캠핑장도 많고 나무 그늘도 많아 캠핑하기에는 최상의 코스인 것 같다.

르아르강변 자전거길은 가히 환상적이라고 할 수 있다. 지나는 마을마다 스토리가 있고 문화가 넘쳐난다. 눈에 띠는 시골 성당들은 너무나 이쁘고 관리가 잘 되어 있고, 강변 노천카페에서 바라보는 르아르강은 평화롭고 아름다웠다.

르아르강변을 달리다 보면 어린아이들을 동반한 가족 단위 자전거족들을 자주 보게 된다. 모두들 평화롭고 행복한 모습들이었다. 프랑스가 저출산에서 벗어났다는 말이 실감이 들 정도로 가정적인 분위기를 느낄 수 있었다.

8월 23/24일 - 8/9일 차

캠핑장이 강변에 있어 떠나기가 아까웠다. 그런데 친구가 페달과 발목 복숭

아뼈가 반복해서 부딪치다 보니 살이 패혀서 상처가 깊었다. 서울에 아는 외과 의사하고 영상통화를 하며 상처를 보여주니 민감한 부위에 상처가 깊으니 조심하란다. 페달 모양이 미끄럼방지용으로 삐죽삐죽 돌기가 있어 다치기 쉬운 형태이기도 하지만 짐이 무거워 자전거 컨트롤하기가 쉽지 않아서 상처가 났을 것이다. 작은 마을을 지나면서 약국에 들러 외상 치료약을 한 보따리 구매했다. 낭트까지 가서 가스도 사고 이틀 쉬려고 했는데 상처 치료를 위해서 가까운 엉제(Angrs)에서 미리 쉬기로 했다. 시내에서 가까운 캠핑장에 짐을 풀고 우리 텐트 옆에 있는 프랑스 친구한테 가스 구매에 대해 물어보니 인터넷을 그렇게 뒤져도 못 찾았던 걸 너무 쉽게 가르쳐 주었다. Decathlon이라고 유럽 전역에 수백 개 체인망을 갖춘 스포츠 전문 매장이 있는데 유럽 여행을 하면서 구글에 저 단어만 치면 캠핑용품 구입은 문제가 없을 것이라고 알려 주었다. 지금까지 구글 맵에서 "스포츠용품"으로 아무리 검색을 해도 저 매장은 검색이 안 되어서 애를

먹어 왔었다. 자전거로 3~4Km를 달려 매장에 가보니 모든 스포츠용품이 다 모여 있었다. 떡 본 김에 제사 지낸다고 패딩점퍼, 패드 바지 등을 샀다. 싸고 품질도 좋았다.

슈퍼에 들러 이틀 치 먹을 고기, 과일, 쌀, 포도주.. 다해서 35유로…

상처 치료하고 하루 쉬고 나니 친구의 상처가 많이 나아지고 있었다. 세탁기와 건조기가 공동 취사장 옆에 있어서 밀린 빨래를 처리하고 하루종일 먹고 자며 충분한 휴식을 취했다.

엉제(Angrs) 근교의 캠핑장… 친구의 상처도 치료할 겸 하루 쉬면서 밀린 빨래도 처리하고 하루종일 먹고 자며 충분한 휴식을 취했다.

프랑스 과일은 별로인 것 같다. 수박은 특히... 우연히 멜론을 하나 샀는데 이게 그 유명한 프랑스의 불로초 칸탈로프 멜론이란다. 이건 싸고 맛도 좋았다.

캠핑장에서 주말 저녁이라서 그런지 야외 간이 무대에서 여자 세 명이 중창을 하며 흥을 돋운다. 악기나 노래를 아무나 나가서 불러도 되는 분위기인 것 같았다.

8월 25일 - 10일 차

하루를 푹 쉬니 몸 상태가 좋아진 것 같았다. 여기까지 오면서 자전거가 잘 안 나간다는 느낌이 들어 앞바퀴에서 펑크 방지용 테이프를 제거했더니 훨씬 페달이 가볍게 느껴졌다. 강 하류에 가까워질수록 강폭이 넓어지고 라이딩도 지루하다는 느낌이 들었다. 길이 헷갈릴 때마다 우연히 만나는 할머니가 있었다. 앞서

낭트까지 가기에는 너무 멀어 65Km 달려 앙세뉴(Ancenis)에 도착 후 캠핑했다. 강 하류에 가까워질수록 강폭이 넓어지고 라이딩도 지루한 감이 들었다.

거니 뒤서거니 하며 대여섯 번 만나다가 결국 한적한 러시안 식당에서 또 만나게 되었다. 서로 멋쩍어 수인사를 하니 자기는 낭트에 혼자 사는데 내일 자기 집에서 하룻밤 윕샤워하란다. 낭트 관광도 할 겸 흔쾌히 승낙하고 내일 오후에 집으로 가기로 했다. 러시아 음식은 음식 맛이 별로였다. 65Km 달려 앙세뉴(Ancenis)에 도착 후 캠핑했다. 쇼핑을 못 해 캠핑장 카페에서 매식을 했다.

8월 26일 - 11일 차

아침에 일찍 일어나서 서둘러도 출발이 9시가 넘었다. 오늘은 앞장선 친구가 아침부터 냅다 달린다. 40Km 달려 1시쯤 낭트에 도착했다. 햄버거로 점심을 먹고 낭트성과 낭트성당 등 시내를 둘러보고 그 할머니하고 통화를 했더니 5시 이후에나 오란다. 주저하다가 그냥 패스하기로 했다. 원샤워를 하면 잠자리도 불편하고 반나절을 허비해야 하기 때문이다. 강 따라 생나제르까지 계속 가면 대서양변에 도착해서 유로벨로 1번 길과 만날 수 있게 된다. 하지만 우리처럼 스페인 쪽으로 남하해야 하는 경우에는 많이 돌게 되어 내륙 찻길로 가로질러 가기로 했다.

낭트 도착 직전의 강변길 모습…

낭트 시내에서 고기, 채소, 과일 등 장을 보고 제일 가까운 캠핑장을 찾았더니 구글에서는 20Km를 더 가라고 했다. 그런데 맵스미에서 검색했더니 6Km 전방에 캠핑장이 있다고 안내해 주었다. 좀 미심쩍었지만, 날도 덥고 힘들고 해서 우선 가까운 캠핑장으로 가기로 하고 언덕을 몇 개 넘어 겨우 도착했더니… 아뿔싸 !! 난민캠프였다. 맵스미 욕을 해대며 되돌아 나와 16Km를 달려서 6:30 에나 캠핑장에

1시쯤 낭트에 도착해서 햄버거로 점심을 먹고 낭트성과 낭트성당 등 시내를 둘러보았다.

도착할 수 있었다. 여기는 오후 4~5시가 제일 덥다. 빨리 가서 쉬고 싶은 맘에 냅다 달렸더니 길도 헤매고 갈증이 이만저만이 아니었다. 처음부터 여기로 왔으면 이렇게 고생을 안 했을 텐데…

(CAMPING Municipal DE LA MORINIERE)

돼지고기에 멜론에 허겁지겁 먹으니 배가 남산만 해졌다. 물을 아무리 먹어도 갈증이 풀리지 않았다. 75Km 주행..

아름다운 프랑스의 대서양 바닷가…
제주도와 하와이를 합친 것보다 더 좋았다.

8월 27일 - 12일 차

어제 오후 늦게까지 무리를 했었나 보다. 게으름 피우다 10:30이나 돼서야 부흐뇌프(Bourgneuf-EN-Retz)로 출발했다. 낭트에서 강 따라 자전거길로 가면 편하기는 하지만 60Km 정도를 돌아야 해서 찻길로 질러왔더니 노견도 별로 없고 차도 많아서 조심스러웠다. 20Km쯤 달려서 드디어 대서양변에 도착하니 유로벨로 1코스와 만날 수 있었다.

부앙(Bouin)에 도착 후, 마트에서 빵과 멜론으로 늦은 점심을 먹었다. 얼마쯤 가다가 마트에 들러 식료품을 잔뜩 싣고 노견 없는 찻길을 가는데 역풍이 심해

낭트에서 찻길로 질러왔더니 노견도 별로 없고 차도 많아서 조심스러웠다. 20Km쯤 달려서 부흐뇌프(Bourgneuf-EN-Retz)에 도착하니 드디어 대서양을 만날 수 있었다.

서 자전거 중심 잡기도 쉽지 않았다. 대서양변이라서 그런지 남서풍이 많이 불어서 힘들기는 하지만 캠핑장이 많이 몰려있는 걸 보면 바다 경치가 좋을 것 같았다. 6시에 라바흐드몽(La Barre-de-Monts) 근처에 있는 캠핑장에 도착해서 짐을 풀어보니 제일 중요한 돼지고기가 빠졌다. 계산대에서 봉투에 담을 때 빠졌나 보다. 고기를 좋아하는 동행한 친구가 고기 없이는 못 산다고 자전거를 타고 동네를 다 뒤져서 고기를 다시 사 왔다.

유로벨로 1코스도 나름 좋은 코스인 것 같았다. 비포장길이 많지만, 숲속 오
솔길 따라가다가 멋진 해변 길도 만나게 되고 길 상태도 평지길이라 자전거 타
기에 최고인 것 같았다.

프랑스의 대서양변을 따라 이어지는 유로벨로 1번 길은 너무나 멋진 자전거
코스였다. 숲속 오솔길 따라가다가 보면 갑자기 장쾌한 해변 길을 만나게 되고
길 상태도 평지길이라 자전거 타기에 최고인 것 같았다.

20Km쯤 달리니 생장드몽(Saint-Jean-de-Monts)에 도착했는데 아주 큰
휴양도시였다. 5Km도 넘어 보이는 백사장에 경치가 환상적이다.

20Km쯤 달리니 생장드몽(Saint-Jean-de-Monts)에 도착했는데 아주 큰 휴양도시였다. 5Km도 넘어 보이는 백사장에 경치가 환상적이다. 오늘은 바닷가에서 55유로짜리 투나 스테이크로 점심을 먹었는데 관광지라서 그런지 가격 대비 훌륭한 식사는 아닌 것 같았다. 바닷가 휴양지라 그런지 여러 개의 캠핑장이 몰려 있었다. 그냥 지나치기는 아까우니 좋은 캠핑장을 골라 하루 더 쉬자고 제안해서 서너 군데 들러 잡은 데가 최악이었다(38유로로). 두 배로 비싸고 바닥이 모래라 먼지 날리고 경관도 안 좋았다. 빗방울이 떨어지길래 급한 마음에 잡았더니만 후회스러웠다.

저녁은 간단히 우동으로...

8월 29/30일 - 14/15일 차

캠핑장이 안 좋아서 오늘 하루 더 가고 내일은 쉬자고 합의했다. 10시쯤 출발하여 르샤또돌론느(Le Chateau-d'Olonne)라는 도시를 향하는데 도시 규모

가 엄청나게 크고 바다 경치가 환상적이었다. 제주도와 하와이를 합친 것보다 더 좋은 것 같았다. 자전거길도 환상적이다. 벌판과 늪지 사이로 난 자전거길이 비포장 숲길로 이어지면서 이보다 더 아름다울 수가 없다는 생각이 들었다.

르샤또돌론느(Le Chateau-d'Olonne)라는 도시를 향해 가는데 바다 경치가 환상적이었다. 제주도와 하와이를 합친 것보다 더 좋은 것 같았다. 자전거길도 환상적이다. 벌판과 늪지 사이로 난 자전거길이 비포장 숲길로 이어지면서 이보다 더 아름다울 수가 없다는 생각이 들었다.

　골프장을 지나 점심 식당을 찾는데 동네 슈퍼는 모두 문을 닫아서 할 수 없이 레스토랑에 가니 일 인당 20유로 이상이었다. 스테이크가 맛이 없어 반은 남겼다. 휴양지라 물가가 비쌀 수밖에 없는 상황이었다. 이런 때를 대비해서 간단한 행동식을 준비해서 다니는 것이 좋을 듯하다. 오후 코스도 너무 좋았다. 라뜨헝슈슈흐메흐(La Tranche-sur-Mer)라는 마을에 오니 캠핑장이 즐비하다. 슈퍼에 들러 이틀 치 식량을 잔뜩 싣고 캠핑장을 골라서 들어가 보니 경관이 그런대로 괜찮아 다행이었다. 내일 하루 정비하기로 하니 마음이 푸근하다. 저녁 식사는 프랑스 와인을 곁들인 오징어 삼겹살볶음…

이름 모를 마을의 작고 이쁜 성당 모습…

어제 캠핑사이트에 도착하자마자 짐받이 연결 부위가 빠져 짐이 주저앉았다. 다행히 캠핑장에 도착한 후에 고장이 나서 얼마나 다행인지 몰랐다. 큰 고장은 아니라서 정비하고 철삿줄로 보강을 했다. 비포장길이 많아도 노면 상태가 좋아서 운행에는 지장이 없었지만 덜컹거리고 먼지가 많아 기어가 잘 미끄러졌다. 비포장도로에서의 운행으로 흙먼지가 많아서 체인이며 드레일러에 먼지가 떡이 되어 엉켜있었다. 어쩐지 변속할 때마다 기어가 미끄러지고 잘 안 나가는 느낌이었다.

하루가 금방 갔다. 사람도 쉬고 밀린 빨래도 하고 자전거 정비도 하고. 푹 쉬었다.

8월 31일 - 16일차

사람도 쉬고 자전거도 정비하니 페달 밟는 느낌이 너무 좋다.

시속 20~25Km를 유지하며 몇 시간을 달렸는데도 지평선이 끝이 없었다. 오늘 코스는 정말 지겨웠다. 60~70Km 구간에 음식을 사 먹을 데가 없었다. 지평선을 향해 달리다가 벌판 한가운데 서 있는 큰 나무 밑을 찾아 들어가니 프랑스 할머니 혼자 자전거를 타고 오다 점심을 먹고 있었다. 우리도 그 옆에 자리를 잡고 준비해 간 바게트와 사과로 점심을 대신했다. 80Km 주행 후 라로셸(La Rochelle)에 도착했다. 여기도 생각보다 큰 도시였다. 시내에서 가까운 캠핑장을 찾아서 숙박했다. 사람과 자전거를 미리 정비 안 하고 이 길을 왔으면 힘들었을 것 같다는 생각이 들었다.

시속 20~25Km를 유지하며 몇 시간을 달렸는데도 지평선이 끝이 없었다.
60~70Km 구간에 음식을 사 먹을 데가 없어 벌판 한가운데 서 있는 큰 나무 밑
을 찾아 들어가니 프랑스 할머니 혼자 자전거를 타고 오다 점심을 먹고 있었다.
우리도 그 옆에 자리를 잡고 준비해 간 바게트와 사과로 점심을 대신했다.

9월 1일 - 17일 차

아침에 비가 뿌려 텐트 안에서 뒤척이면서 출발해야 하나 말아야 하나 망설이
다 라면에 밥 먹고 11시에나 출발했다.

40Km 달려 호슈포흐(Rochefort)에 도착했다. 시간상 다음 캠핑장까지는 무
리라는 생각이 들었다. 잠시 멈춰서 지도를 자세히 들여다보니 보르도를 가려면
해안 자전거길을 따라가다 내륙으로 60Km 이상을 국도로 가야 한다는 사실을
알았다. 차량이 많아 위험할 것 같아서 일단 여기서 캠핑을 하고 내일 기차를 타

고 산티아고 순례길의 시작점인 생장으로 바로 가기로 결정했다. 예정했던 보르도 와이너리 투어를 못 해서 아쉬웠지만, 일정이 너무 지체되었고 스페인에 가까워져 올수록 해안 풍경이 평범해지고 지평선만 바라보고 달리는 게 지겨워지기도 하였다. 결정하고 나니 마음이 너무 편안해졌다.

스페인 산티아고 순례길의 출발점
생장삐에드뽀흐...

9월 2일 - 18일차

　오늘은 기차 타고 생장 가는 날... 그리고 내 생일이다. 아침 생일상은 남은 라면과 빵으로 때우고 캠핑장 바로 앞에 있는 Decathron에 가서 몇 가지 물건을 샀다. 친구가 생일선물이라고 돈을 내주었다.

　Rochefort 역에 도착해서 표를 사는데 줄을 서서 한참을 기다려야 했다. 그런데 창구에서 생장까지 가는 기차가 자전거 석이 만석이고 내일까지도 자리가 없단다. 기차 연결이 Rochefort ― 보르도 ― 바욘 ― 생장… 두 번을 갈아타야 하는데 보르도까지는 자전거를 싣고 갈 수 있지만, 바욘까지는 자전거 석이 만석이라고 안 된다고 한다. 일반 기차는 자전거 석이 따로 없어서 만석이라는 게 좀 이해가 안 갔지만 일단 보르도까지 가서 고민하기로 했다. 보르도에서 버스를 알아보든지 아니면 내일 가든지 하면 되겠지 하고 생각했다. 보르도에 두 시에 도착해서 친구가 매표구에 가서 무턱대고 생장까지 자전거 석을 달라고 하니 자전거는 그냥 타면 된다고 하며 표를 주더란다. 내일까지 만석이라더니...??. 유럽 자전거 여행하면서 몇 번을 경험해 봤는데 기차역의 매표소 직원들이 자전거 탑승 가능 여부를 잘 모르는 경우가 자주 있었다. 출발 시각이 가까워져서 B

155

레인에 급히 가서 기차에 올라타니 그 칸은 바욘행이 아니란다. 같은 기차라도 중간 환승역에서 칸마다 분리돼서 행선지가 다를 수가 있다고 한다. 옆 사람에게 물어보지 않았으면 엉뚱한 데로 갈 뻔했다. 얼른 뒤 칸으로 바꿔 타려니까 자전거가 많아서 겨우 밀어 넣고 출발할 수 있었다.

바욘에서 생장 가는 기차는 큰 어려움 없이 탑승할 수 있었다. 우여곡절 끝에 생장에 도착해서 친구가 전화로 예약한 호텔에 투숙했다. 빈방이 없어 좀 비싼 호텔을 겨우 잡았단다. 115유로... 저녁 늦게 스테이크에 포도주로 생일상을 받았다. 산책삼아 생장 시내를 돌다 순례자 사무실에 가보니 밤 10시가 넘었는데도

생장까지 기차로 가려면 Rochefort — 보르도 — 바욘 — 생장.. 두 번을 갈아타야만 했다.

밤늦게까지 일을 해서 자세히 설명도 듣고 증명서까지 받아 왔다. 순례자 사무실은 늦게 가는 게 오히려 사람도 없고 더 좋았던 것 같았다.

그런데 주의해야 할 점은 산티아고 순례길의 시발점인 생장삐에드뽀흐(Saint-Jean-Pied-de-Port)가 있고 인근에 생장드류즈(Saint-Jean-de-Luz)라는 마을도 있어 혼동하기 쉬우니 유의하여야 할 것 같다.

9월 3일 - 19일 차

아침 먹고 빨래방에 가서 세탁하고 내일 갈 길도 살펴보고 친구는 자전거 샵에 가서 수리도 하고 타이어 교체를 시도했으나 맞는 타이어가 없었다. 여행용

자전거는 비포장도로에 취약해서 걱정스러웠다. 산티아고 순례길은 캠핑장도 많지 않아 캠핑이 곤란하고 언덕과 비포장도로가 많아서 대부분의 짐을 산티아고 우체국으로 탁송해야 한다. 우체국에 들러 알아보니 제일 큰 박스가 박스값만 2유로에 10Kg까지 허용되고 무게에 따라 탁송료가 계산된다고 한다. 탁송된 짐은 산티아고 우체국으로 보내지고 도착일로부터 2주까지 보관되고 그 후에는 발송지로 반환된다고 한다. 결국 17~18일간의 여유가 있는 셈이다. 점심후 짐을 정리하니 3박스에 30Kg 정도가 되어서 110유로로 탁송을 끝냈다. 짐을 최소화하려고 했지만 그래도 남은 짐이 각자 15Kg이 넘는 것 같았다. 아직도 내려놓을 게 많은가 보다. 친구가 자전거 수리점에서 얻어온 얇은 자전거 코스 가이드가 많은 도움이 될 것 같았다.

생장은 아주 작은 마을이었는데 거리 모습이 이쁘고 귀엽다는 인상이 들었다.

생장의 바이크샵에서 얻어온 가이드북인데 우리같이 처음 가는 바이커에게 도움이 많이 되었다.

피레네산맥을 넘는 것은 고행길이었다.

9월 4일 - 20일 차

아침에 일찍 떠나려고 했는데 일어나니 7:30이다. 호텔 조식 11유로... 이틀 자고 두 번 조식에 350유로나 내야 했다. 밥 먹으며 상의한 결과, 난 산길(순례자 길)로 가고 친구는 투어용 자전거라서 일반 찻길로 가서 첫 숙박지인 롱세스바에스 (Roncesvalles)에서 만나기로 했다.

나 혼자 도보 순례자 길을 따라나섰는데 처음부터 경사가 장난이 아니다. 좀 더 가니 비포장 오르막이 나오는데 MTB가 아니면 도저히 불가능해 보였다. 친구가 이 길로 안 오기를 너무 잘한 것 같았다. 1,400미터 고도 상승도 상승이지만 비포장 산길에 몇 시간씩 끌바를 해야 돼서 몸은 계속 지쳐 갔다. 그렇지만 순례길 분위기는 매우 가족적이었다. 국적도 다르고 인종도 달랐지만, 모두 스스럼없이 말을 걸어 인사하고 농담하고⋯ 아주 힘들었지만 그래도 재미가 있었다. 세 시간에 7Km 오르니 오리손(Orisson) 휴게소에 도달했다. 콜라를 한잔 하고 또 끌바를 시작했다. 8시간 운행 중 끌바한 시간이 6시간은 족히 넘는 것 같았다. 경치는 그야말로 파노라마의 연속이었다

산티아고 순례자 길을 따라 나섰는데 처음부터 경사가 장난이 아니다. 좀
더 가니 비포장 오르막이 나오는데 MTB가 아니면 도저히 불가능해 보였
다. 1,400미터 고도 상승도 상승이지만 비포장 산길에 몇 시간씩 끌바를 해
야 돼서 몸은 계속 지쳐만 갔다. 그렇지만 순례길 분위기는 매우 가족적이
어서 지루하지가 않았다.

15Km쯤 오니 길이 갈라지는데 비포장 산길인 데다가 경사가 위험하다는 경
고가 여기저기 눈에 들어왔지만 계속 진행했다. 길 상태는 우리나라 임도 수준
이지만 경사 때문에 끌바가 매우 힘들었다. 20미터 가서 잠깐 쉬려고 서면 뒤로
자꾸 밀렸다. 짐을 더 줄였어야 했는데 하고 계속 후회하며 전진했다. 20Km쯤
왔으면 이젠 내리막일 것이라고 예상하고 있었는데 야속하게도 2Km 정도 되
는 완전 자갈길 오르막이 눈앞에 나타났다. 자전거도 뒤로 밀리고 사람 발도 뒤

로 밀렸다. 종아리에서 쥐가 나서 한동안 문질러 풀어줘야 했다. 다리에 쥐 나는 일은 십 년 만에 처음 있는 일이었다. 정상 부근에서 찻길과 만나는데 사진을 찍고 내려갈 길을 내려다보니 심란해졌다. 경사도 심하고 자갈도 많아 2~3Km 정도를 끌고 내려오는데 짐도 무겁고 페달이 종아리를 자주 때려서 고생스러웠다. 그 이후에 경사가 좀 양호해졌으나 조심스러워서 타다가 끌다가를 반복하며 내려오니 4시가 넘어서야 롱세스바에스(Roncesvalles)에 도착할 수가 있었다.

도보 길로 피레네를 넘으면서 걷는 사람들은 많이 보았는데 자전거 타는 사람은 거의 보지를 못 했다. 하지만 다음에 여기를 다시 온다고 해도 이번처럼 산길을 선택해야 할 것 같다. 짐을 줄여서라도 첫째 날의 피레네의 풍경들을 결코 놓치고 싶지 않기 때문이다.

찻길로 온 친구도 끝없이 이어지는 오르막 28Km를 올라오는데 노견도 좁아서 너무 힘들었다고 한다. 프랑스와 스페인의 국경 지역이라서 그런지 통신도 안 돼서 친구를 찾아 헤매다 길에서 감격의 상봉을 해야만 했다. 그 친구는 두 시에 도착했는데 조그만 도시에 사람들이 얼마나 많은지 방을 못 구해서 무리 지어 다음 마을로 떠나더란다. 당황해서 몇 군데 호텔 알아봤더니 이 도시에 방이 딱 하나 있는데 침대가 4개인 방이 120유로를 불러서 망설이다가 할 수 없이 방을 잡았다고 한다. 여기 롱세스바예스(Roncesvalles)는 첫날 피레네산맥을 넘어서 첫 기착지라 그런지 알베르게는 예약을 안 하면 거의 불가능하다고 한다. 억울하지만 넓고 비싼 방에서 둘이 잘 수밖에 없었다.

9월 5일 - 21일 차

어제 무리해서 온몸이 뻐근하다. 호텔 조식 후 8시에 출발하는데 비가 좀 오

롱세스바예스(Roncesvalles)는 첫날 피레네산맥을 넘어서 첫 기착지
라 그런지 알베르게는 예약을 안 하면 거의 불가능하다고 한다.

다 그쳤다. 차길 따라 한동안 가니 문경 소조령만 한 고갯길이 두어 개 나오는
데 내리막이 훨씬 길어서 좋았다. 어제 고생한 노고에 대한 보상이라 생각했다.
가다가 보니 서너 팀의 자전거 팀을 만날 수 있었는데 피레네산맥을 넘기가 힘
들어서 아예 롱세스바예스로 버스를 타고 와서 출발하는 팀도 여럿 있었다. 밤
에 비가 내려 산길은 미끄럽고 어제 고생한 피로 때문에 찻길로만 50Km 달려
팜플로나(Pamplona)에 12:30 도착했다. 오늘은 일찍 쉬기로 작정하고 공립
알베르게에 갔더니 벌
써 줄이 길게 서 있었다.

침대 배정받고 짐 대
충 정리하니 두 시다.
점심은 샌드위치로 대
충 때우고 쉬다가 저녁
일찍 삼겹살 사다 주방

찻길로만 50Km 달려 팜플로나(Pamplona)에 도착해서
공립 알베르게에 갔더니 벌써 줄이 길게 서 있었다.

에서 푸짐히 요리해 먹었다. 물가가 프랑스 절반 정도로 싸다. 호텔에서 편히 자다 알베르게에 들어오니 불편한 점이 많았다. (50Km 주행)

9월 6일 - 22일차

팜플로나(Pamplona)는 꽤 큰 도시라서 시내에서 빠져나오는데 많이 헤매야 했다. 구글이나 맵스미나 시내 복잡한 길에서는 맥을 못 추는 것 같다. 제자리에서 뱅뱅 돌아 헷갈리기 일쑤다. 도심에서는 길가는 사람한테 물어보는 게 제일 빠르다.

간신히 시내를 벗어나서 순례자 길을 따라 비포장길로 들어서니 첫날의 피레네 산길보다는 완만하지만 끌바의 연속이다. 친구는 투어용 자전거라서 자갈길에서 매우 힘들어했다. 그래도 경치는 너무 환상적이다. 정상에 오르고 보니 여기가 페르돈고개(Alto del Perdon)란다. 시내에서 헤매고 끌바하다 보니 10Km 오는 데 세 시간이나 걸렸다. 내려올 때는 찻길을 탔는데 시속이 50Km가 넘는 속도감을 느끼며 10Km 정도를 페달 한번 안 밟고 내려 올 수 있었다. 푸엔테라이나(Puente La Reiner)에 12:30에 도착해서 빵과 커피로 점심을 먹는데 옆에 중년 부부가 있어 물어보니 아르헨티나에서 순례길을 걸으러 왔다고 한다. 오후에는 찻길로 주행하는데 오르막이 만만치 않았다. 친구가 잠도 못 자고 무리를 했는지 목디스크가 도진 것 같다고 일찍 쉬자고 한다. Lorca 까지 와서 2인실 알베르게를 잡아 일찍 쉬었다. (50Km 주행)

팜플로나(Pamplona) 시내를 벗어나서 순례자 길을 따라 비
포장길로 들어서니 첫날의 피레네 산길보다는 완만하지만 끝
바의 연속이다. 그래도 경치는 너무 환상적이다. 정상에 오르
고 보니 페르돈고개(Alto del Perdon)란다.

9월 7/8일 - 23/24일 차

친구가 몸 상태가 좋지 않아서 그런지 산티아고 순례길을 계속 가야 할지를
고민하고 있었다. 투어용 자전거라 산길로 갈 수도 없고 찻길로 가자니 노견 따
라 여러 개의 언덕을 오르내리는 일도 지겨워하는 듯했다. 그래서 제안하기를
오늘 로그레뇨 (Logrono)에 도착하면 나는 순례길을 혼자서 계속 가고, 친구
는 하루 이틀 쉰 다음 큰 도시로 점프해서 나와 다시 만나는 것으로 합의했다.

그런데 찻길로 출발해서 어느 언덕길에 올라섰는데 저 멀리 거대한 병풍 같은
바위 산맥이 웅장한 모습으로 눈앞에 나타났다. 거기다가 우리 발밑에 수백 마
리의 양 떼가 무리를 지어 지나가는 모습이 너무나도 환상적인 광경으로 펼쳐졌
다. 한 시간 정도를 탄성을 지르며 장쾌한 경치에 빠져 사진 찍기에 바빴다. 친

구가 이 광경에 감동했는지 몸이 안 좋아도 무조건 원래대로 라이딩을 계속하겠다고 한다. 그 엄청난 바위 산맥은 나바라(Navarra)와 알라바(Alava)를 연결하는 약 110Km 길이의 Lokiz Mountain이라고 하며 우리가 서 있는 데에서부터 약 100Km 전방에 펼쳐져 있다고 한다. 우리가 사진 찍으며 쉬고 있는 동안 혼자 자전거 여행을 하는 이태리 친구가 멈추더니 반갑게 인사를 한다. 서로 사진 찍어 주다 보니 금방 친해져서 어느 과수원을 지나가다가 주워 왔는지 비닐봉지에서 무화과 열매와 사과 몇 개를 꺼내서 건네주고 갔다.

어느 언덕길에 올라섰는데 저 멀리 거대한 병풍 같은 바위 산맥이 웅장한 모습으로 눈앞에 나타났다. 거기다가 우리 발밑에 수백 마리의 양 떼가 무리를 지어 지나가는 모습이 너무나도 환상적인 광경으로 펼쳐졌다.

혼자 자전거 여행을 하는 이태리 친구가 멈추더니 반갑게 인사를 했다. 서로 사진 찍어 주다 보니 금방 친해져서 어느 과수원을 지나가다가 주워 왔는지 비닐봉지에서 무화과 열매와 사과 몇 개를 꺼내서 건네주고 갔다.

산솔(Sansol)은 언덕 위에 있는 마을이었다. 마을 어귀에 도착해서 지나온 길을 되돌아보니 어떻게 저 길을 왔나 싶었다.

고개를 몇 개 넘어 산솔(Sansol)에 와보니 문을 연 식당이 없어 휴대해 간 빵과 사과로 점심을 간단히 해결해야 했다. 계속 N1111 도로를 타고 오다 로그레뇨(Logrono) 5Km 전방에서 순례자 길로 들어서면 편하게 시내 진입이 가능하다. 세 시에 도착해서 알베르게 몇 개를 들렀는데도 자리가 없단다. 할 수 없이 저렴한 호텔을 찾아갈 수밖에 없었다. 이틀에 160유로…

내일은 하루 쉬면서 관광도 하고 와이너리 투어를 가기로 했다. (70Km 주행)

다음날은 호텔에서 낮잠을 자며 푹 쉬었다. 점심은 중국식으로 모처럼 포식하고 오후에 호텔에서 소개해준 와이너리로 택시를 불러서 견학을 하러 갔는데 잘 알아듣지 못해서 그런지 별로 재미가 없었다. 의논 끝에 아직도 짐이 많아서 짐의 반절을 또 추려서 산티아고 우체국으로 추가로 보내기로 했다.

갑자기 눈 앞에 펼쳐진 광활한 지평선

9월 9/10일 - 25/26일 차

8:30 우체국에 들러 짐을 부치고 출발하니 초반에는 완만한 오르막이 계속 이어지더니 갑자기 광활한 지평선이 눈앞에 펼쳐졌다. 대단한 풍경에 괴성을 질러가며 달려 나아갔다.

50Km쯤 와서 산토도밍고에 오니 벌써 네 시다. 일찍 운행을 마치기로 하고 운 좋게 공립 알베르게에 체크인을 할 수 있어 들어가 보니 시설이 꽤 괜찮았다. 근처 마트에서 돼지고기 사다가 저녁을 먹는데 한국 사람들이 많아 음식도 나누고 술도 나누고 파티 분위기로 밤이 깊었다. 그중에 한국인 일가족이 왔는데 열 살짜리 막내를 포함해서 다섯 식구가 순례길을 처음부터 끝까지 함께 갈 거라고 한다. 작년에는 아저씨가 장인 장모님을 모시고 이 순례길을 왔었단다. 아줌마가 주방에서 카레밥을 10인분을 하느라고 수고가 많으셨다. 남편 잘못 만나 고생하신다고 내가 농담을 건네니까 아저씨가 남들에게 밥해주고 대접하는 걸 좋아해서 이제는 그러려니 한단다.

초반에는 완만한 오르막이 계속 이어지더니 갑자기 광활한 지평선이 눈앞에 펼쳐졌다. 대단한 풍경에 괴성을 질러가며 달려 나아갔다.

다음 날 아침에 일어나니 하늘이 잔뜩 흐렸다. 일기예보 상에 내일까지 비가 오고 바람이 초속 7~8미터의 역풍인 데다가 기온이 10~18로 낮아서 이런 날씨에 굳이 가야 할 이유가 없다고 생각이 들었다.

8시가 되니 공립 알베르게에서 무조건 나가란다. 우리 둘만 남아서 청소부 눈치를 보며 로비에 있

산토도밍고에 도착해서 운 좋게 공립 알베르게에 체크인을 할 수 있었다. 시설도 좋고 한국 사람들이 많아 공동취사장에서 음식도 나누고 술도 나누고 파티 분위기로 밤이 깊었다.

다가 하루 더 있겠다고 하니 1호실에 가 있으란다. 하루종일 비가 오락가락해서 안 가길 잘했다고 생각했다.

9월 11일 - 27일 차

8시에 쫓겨나듯 알베르게를 출발해서 N120 도로만 타고 60Km를 달려 부르고스 (Burgos)에 두 시쯤 도착했다. 찻길에 노견이 여유가 있었으나 대형트럭

이 워낙 많이 다녀 잔뜩 긴장해야 했다. 오다가 어느 마을을 지나서 노견 없는 오르막이 나타나서 찻길 옆으로 낑낑대고 올라가고 있었는데 뒤를 잠깐 돌아보니 대형 트럭 대여섯대가 우리 뒤에서 따라오고 있는 것을 보고 깜짝 놀라 길옆에 서서 피해주었다. 시속 5~6Km로 가는 우리를 위해 경적도 안 울리고 소리 없이 따라오는 것을 보고 스페인은 운전 매너가 참 좋은 나라라고 느껴졌다. 안 되겠다 싶어 지도상으로 우회할 수 있는 소로길이 보이길래 옆길로 빠졌다. 어느 정도 잘 가는가 싶더니만 막판에 비포장 자갈길에서 2Km를 헤매야 했다.

지도상으로 우회할 수 있는 소로길이 보이길래 옆길로 빠졌다. 어느 정도 잘 가는가 싶더니만 막판에 비포장 자갈길에서 2Km를 헤매야 했다.

N120 국도와 다시 만나서 드넓은 광야를 가로질러 부르고스(Burgos)로 향했다.

그런데 갑자기 발아래 큰 호수가 나타났는데 너무 멋있는 풍경이었다. 길을 헤매도 보람은 있었다고 위안을 했다. N120과 다시 만나서 계속 내리막으로 부르고스(Burgos)에 도착해서 중국식당을 찾아 점심을 먹었다. 아무래도 양식보다는 중식이 훨씬 입맛에 잘 맞는 것 같다.

다시 12Km를 달려 타르다조스(Tardajos) 민박집에 도착해서 2인실(50유로)에 숙박했다.

경험상으로 큰 도시에는 알베르게도 여러 개 있고 호텔도 많으나 조금만 늦게 가도 알베르게는 자리가 별로 없고 호텔은 다소 비싸다. 그래서 차라리 대도시 직전이나 조금 지나서 작은 마을이 숙소 잡기가 더 나은 것 같았다.

내일이 추석이다. 먼 타국에서 명절을 맞으니 외로움이 살짝 밀려온다. 점심 먹고 집사람하고 통화하니 목소리가 너무 반가웠다.

아침 공기가 쌀쌀해서 패딩을 입고 출발한 다음, 한 시간쯤 후에 바람막이로 바꿔 입었다. 찻길을 벗어나 순례자 길로 접어드니 끝도 없이 펼쳐진 대평원이 장관이다. 와아!! 소리가 절로 났다. 아무리 카메라를 들이대고 이 감동을 담아 내려 했지만, 기대만큼 되지를 않았다. 이런 대평원길이 200Km는 계속된다니 곧 지겨워지겠구나 하는 생각도 들었다. 혼타나스(Hontanas)라고 생각한 데에 서 콜라 한 잔을 마셨는데 나중에 알고 보니까 더 가야 혼타나스라는 것을 깨달 았다. 어쨌던 비포장이지만 평지길이라 MTB로는 갈 만했는데 여행용 자전거 를 타는 친구는 힘들어했다.

혼타나스(Hontanas)로 향하면서 찻길을 벗 어나 순례자 길로 접어드니 끝도 없이 펼쳐 진 대평원이 장관이었다. 와아!! 소리가 절 로 났다. 아무리 카메라를 들이대고 이 감 동을 담아내려 했지만, 기대만큼 되지를 않 았다.

카스트로헤리스를 지나서 다리를 지나는데 천년은 되어 보였다.

카스트로헤리스(Castrojeritz)에서 점심을 시켰는데 프라이팬 볶음밥 같은 모양이었는데 너무 짜서 속이 느글댈 정도였다. 나중에 알고 보니 빠에야라는 스페인 음식이었다. 비포장도로지만 나름의 운치가 있고 경치도 좋아서 라이딩 하기에는 너무 좋았다. 후로미스타(Fromista)에 네 시쯤 도착하니 숙소가 마땅 치 않아 55유로에 2인실 호텔에 묵었다(60Km 주행).

9월 13일 - 29일 차

    오늘은 추석이다. 추석 아침상은 빵 몇 조각에 귤 두 개와 주스가 전부다. 초 라한 추석 아침상을 받고 보니 좀 처량한 마음도 드는 것이 사실이나 안장에 올 라타니 그런 잡생각들은 훌훌 날아 가버렸다.

    오늘은 대평원을 가로질러 가는 코스라서 업다운이 거의 없고 거기 다가 뒤바람까지 불어줘서 속도를 한껏 낼 수 있었다. N120을 따라 단 숨에 70Km를 달려 사하군 (Saha-gun)에 도착하니 오후 한 시다. 길 따라가다가 시내를 지나쳐 버려서 식당에 안 가고 나무 그늘에서 남은 빵과 사과로 점심을 대신했다. 순례 자 도보 길로 접어드니 과거에는 국 도였는지 포장도로인데도 차가 거 의 없어 라이딩하기가 편안했다. 이 속도라면 120Km를 채워 레온(Leon) 까지도 갈 것 같은데 레온에 들어가면

오늘은 대평원을 가로질러 가는 코스라서 업다 운이 거의 없고 거기다가 뒤바람까지 불어줘서 속도를 한껏 낼 수 있었다. N120을 따라 단숨 에 70Km를 달려 사하군 (Sahagun)에 도착하 니 오후 한 시다.

대도시라 방 잡느라 고생할 것 같은 생각이 들었다. 그래서 레온에서 12Km 못 미친 쁘엔떼빌라렌떼{Puente Villarente}에 도착해서 사설 알베르게에 짐을 풀었다. (12유로 + 저녁 11유로)

그런대로 시설은 괜찮았지만, 저녁 식사로 제공되는 요리들이 너무 짜고 맛이 없었다.

레온에서의 휴식... 그리고 여행 일정을 수정하다.

9월 14/15일 - 30/31일 차

어제 100Km 넘게 달린 것도 그렇고 한 달을 여행하면서 피로가 누적돼서 그런지 어젯밤에 자기 전부터 갑자기 부정맥이 느껴졌다. 심장 스텐트 시술을 두 번이나 한 이력이 있기 때문에 신경이 많이 쓰였다. 목적지인 산티아고 성당에 도착하기 위해서는 마지막에 큰 고개 두 개를 넘어야 하는데 잘 넘어갈 수 있을지 은근히 걱정이 되었다.

그런데 친구가 TV에서 스페인 남쪽에서 며칠 동안 비가 많이 내려서 자동차가 둥둥 떠다닐 정도로 물난리가 났다고 한다. 그리고 우리가 있는 북쪽으로 그 비구름들이 몰려오고 있으니 어찌하면 좋겠냐고 물어 왔다. 부정맥 때문에 고민하고 있던 나로서는 하늘의 뜻이려니 생각하고 결국 레온(Leon)에서 기차로 점프하기로 하고 마음을 접었다.

아침에 출발하려고 하니 일기예보대로 이슬비가 내리고 있었다. 레온(Leon)까지 가는 12Km가 순례길의 마지막이라고 생각하니 너무 아쉽고 아까운 생각이 들었다. 레온(Leon)에 도착해 보니 꽤 크고 번화한 도시이고 관광객이 넘쳐나고 있었다. 우리도 레온 대성당 앞 카페에서 맥주 마시며 관광객들과 함께 스페인의 정취를 즐겼다.

레온(Leon)에 도착해 보니 꽤 크고 번화한 도시이고 관광객이 넘쳐나고 있었다. 성당과 오래된 건축물들을 보고 과거의 화려했던 스페인의 역사를 실감할 수 있었다.

산티아고 우체국으로 보낸 소포를 찾으려면 어차피 주말은 안 되니 레온에서 하루 더 있기로 하고 박물관 관광도 하고 맛있는 것도 찾아다니며 휴식을 취했다. 이틀간 충분한 휴식을 하니 부정맥이 다소 진정되는 느낌이었다.

9월 16/17일 - 32/33일 차

레온 역에서 7:05 기차를 탔는데 완행열차다. 300Km 가는 데 8시간이나 걸려서 오후 3:30에나 산티아고(Santiago de Compostela)에 도착했다. 레온 역이 시발역이라 자전거 칸도 넓고 좋았지만 오우렌세(Ourense)에서 갈아타야 하는 기차는 두 량짜리 마을 열차라서 자전거를 실을 공간이 없었다. 쩔쩔매고 있으니 차장이 고맙게도 우리를 도와줘서 간신히 실을 수 있었다. 그 차장

오우렌세(Ourense)에서 갈아타야 되는 기차는 두 량짜리 마을 열차라서 자전거를 실을 공간이 없었다. 쩔쩔매고 있으니 차장님이 고맙게도 우리를 도와줘서 간신히 실을 수 있었다.

은 내릴 때도 거들어 주었고 엘리베이터까지 잡아주었다. 그런데 동행한 친구가 자전거를 기차에 실으면서 서둘다가 그만 발이 밑으로 빠져 큰일 날뻔했다. 가벼운 타박상 정도라 다행이라 생각했지만, 며칠 동안 힘들어했다.

산티아고에 도착해서 아고다로 예약한 호스텔로 찾아가는데 너무 답답했다. 에어비엔비처럼 리셉션 카운터가 있는 것이 아니라서 물어볼 사람도 없고 건물들이 비슷비슷해서 어느 건물인지도 잘 모르겠고... 전화해보니 이메일로 비번과 열쇠 위치를 알려줬다고 한다. 겨우 찾아 들어가니 방은 비싸지도 않고 만족스러웠다. (58유로)

산티아고 성당에 찾아 가보니 광장에 순례객들과 관광객들로 붐볐다.
건축물의 웅장한 모습과 규모에 압도되었지만, 성당 개방 시간이 제
한되어 있어 겉모습에 만족을 해야만 했다.

짐을 풀고 산티아고 성당에 찾아 가보니 건축물의 웅장한 모습과 규모에 압도되었지만, 성당 개방 시간이 제한되어 있어 겉모습에 만족을 해야만 했다. 산티아고 시내가 조그만 마을 정도의 규모로 생각했는데 웬만한 도시 규모의 크기로 골목마다 관광객과 순례자들로 붐볐다.

우선 우체국으로 달려가 보니 스페인 로그로뇨에서 보낸 소포는 도착했는데 생장에서 온 박스 세 개는 자기들도 모른단다. 우체국에 근무하는 직원들은 많은데 영어를 하는 사람이 없어 한동안 기다리니 어느 나이 든 여직원이 나타나 서툰 영어로 답을 해 준다. 상황을 대충 파악해 보니 스페인 국내간 운송은 아무런 문제가 없는데 생장은 프랑스 도시이고 산티아고는 스페인이라서 국제간 거래다 보니 중간 운송회사와 업무연결이 잘 안 되어 있다는 얘기이다. 그래서 우리 짐은 산티아고 외곽에 있는 운송회사에 보관 중일 것이라는 설명이었다. 주소를 받아서 택시를 타고 운송회사에 가서야 겨우 짐을 찾을 수 있었다. 생장 우체국에서 탁송을 할 때 직원의 지시에 따라 카운터에 게시된 대로 운송장을 작성했건만 이런 일이 발생하니 우리네 상식으로는 잘 이해가 안 가는 일이었다. 저녁에 중국식당을 가려니까 8:30부터 영업한다고 해서 스낵센터에서 간단히 해결하고 산티아고 시내를 둘러보고 쉬었다.

다음날 친구가 어제 다친 발이 아프다고 산티아고에서 하루 더 머물기를 원했다. 기차 편도 알아보고 한국식당에 가서 제육볶음에 된장찌개도 먹고 기념품도 사고, 호텔 연장이 안 돼서 인근 호텔을 아고다를 통해 57유로에 다시 잡아야만 했다.

내일부터는 기차를 타고 포르투갈 포르토로 가서 자전거로 리스본까지 갈 예정이다.

포르토에서 포르투갈 자전거 여행을 시작하다.

산티아고역에서 새벽 6:20 기차를 타고 비고(Vigo)에서 포르투갈 포르토(Porto)행 기차로 갈아탔다. 비고까지는 기차에 공간이 넉넉해서 편히 갔는데 비고에서 갈아타는 포르투갈 기차는 자전거 거치할 공간이 마땅치가 않았다. 쩔쩔매고 있으니 기관사가 운전석 뒷방에 자전거 두 대를 세워서 거치해 주었다. 포르투갈 기차는 70년대 우리나라 비둘기호 같은 느낌이었다.

비고에서 갈아타는 포르투갈 기차는 자전거 거치할 공간이 마땅치가 않았다. 쩔쩔매고 있으니 기관사가 운전석 뒷방에 자전거 두 대를 세워서 거치해 주었다. 포르투갈 기차는 70년대 우리나라 비둘기호 같은 느낌이었다.

국경을 넘으니 거리 모습이 스페인하고 너무 비교되었다. 거리 모습은 물론이고 사람들의 옷차림새나 매너들이 스페인보다 훨씬 뒤떨어진다는 느낌이 들었다. 포르토에 내려서 잠깐 자전거를 타보니 운전 매너가 거칠어서 포르투갈에서는 찻길에서 자전거 탈 때 조심해야겠다는 생각이 퍼뜩 들었다. 시내에서 남쪽으로 강을 건너려면 강변길로 내려서야 하는데 심한 내리막이 있어 끌고 내려와야 했다.

포르토는 포르투갈의 제2 도시이며 도시를 가로질러 가는 도루강 양쪽이 절벽이라 경치는 그런대로 볼만했다.

포르토는 포르투갈의 제2 도시이며 도시를 가로질러 가는 도루강 양쪽이 절벽이라 경치는 그런대로 볼만했다. 강을 건너면 남쪽 강변에 자전거도로가 나 있어 갈 만했는데 관광지라 그런지 카페나 음식점 접객 매너가 너무 상업적이고 계산적이었다. 불쾌할 정도로 볼일 봤으면 빨리 일어서라는 눈치를 준다. 물가도 스페인보다 비싸고 질도 훨씬 떨어졌다.

그래도 십여Km까지는 자전거길이 되어 있어서 좋았지만, 그 이후는 이면도로로 가야 하는데 바닥이 말발굽 돌길이라 자전거 타기가 힘들었다. 20여Km쯤 와서 이스피뉴(Espinho)라는 마을 어귀에 있는 캠핑장에 도착했다. Municipal인데 가격도 비싸고 시설도 안 좋았다.

저녁 식사로 오랜만에 삼겹살에 포도주 한 병을 곁들이니 여느 호텔보다도 텐트 생활이 훨씬 안락하고 좋았다.

9월 19일 - 35일 차

출발하면서 맵스미로 길을 찾으니 그래도 꽤 괜찮은 자전거길로 인도했다. 구글지도는 자전거 모드가 뜨지도 않았고 자전거길이 입력이 안 되어 있는 듯했다. N327 국도 따라 저수지 옆을 20~30Km 달리니

이스피뉴(Espinho)에서 출발하면서 맵스미로 길을 찾으니 그래도 꽤 괜찮은 자전거길로 인도했다.

자신토(Jasinto) ~포르트다바라(Forte Da Barra) 사이를 왕복하는 페리를 타고 하선한 후에 10Km를 더 가니 송림이 우거진 캠핑장에 도착할 수 있었다.

풍광도 좋고 자동차도 없어 너무 좋았다. 자신토(Jasinto) ~포르트다바라(Forte Da Barra) 사이에 페리를 타야 되는데 만약 배를 놓치면 내륙으로 엄청나게 돌아야 해서 인터넷으로 자세히 알아보니 저녁까지 배가 있다고 한다. 아마 출퇴근하는 사람들 때문에 그런가 보다. 오후 두 시 정도에 배를 타기 위해서 부지런히 페달을 밟아서 1:30에 선착장에 도착할 수 있었다. 선착장 근처에 식당이 몇 군데 있어 점심을 먹고 2:15 배를 탔다. 15분간 탑승에 일 인당 2.4유로이고 자전거는 무료란다. 하선한 후에 10Km를 더 가니 송림이 우거진 캠핑장에 도착할 수 있었다.

오늘 총 60Km를 달려 Orbitur Camping Park Da Vagueira에서 캠핑을 했다. 시즌이 지나서 그런지 넓은 캠핑장에 텐트가 몇 개밖에 없어 다소 황량한 느낌이 들었다.

페리선에서 내려 약 10키로를 오니 송림이 우거진 캠핑장에 도착할 수 있었다. 시즌이 지나서 그런지 넓은 캠핑장에 텐트가 몇 개밖에 없어 다소 황량한 느낌이 들었다.

날이 계속 흐려서 빨래가 마를 시간이 없어 항상 젖어 있었다.

오늘도 맵스미의 안내로 이삼십Km는 좋은 길로 잘 찾아왔는데 결국은 악명 높은 N109 국도를 따라 갈 수밖에 없게 되었다. 노견이 있는 데도 있고 없는 데도 있어 무작정 찻길 옆으로 남하하는데 대형 트럭이 많은 데다가 운전 매너 도 안 좋아서 여간 신경이 쓰이는게 아니었다. 어쩌나 이길 따라 한참 동안 가 야 하는데...

맵스미의 안내로 이삼십Km는 좋은 길로 잘 찾아왔는데,
결국은 악명높은 N109 국도를 따라 갈 수밖에 없게 되었다.
선택의 여지가 없어서 노견이 없는 찻길 옆으로 남하할 수밖
에 없었다. 대형 트럭이 많은 데다가 운전 매너도 안 좋아서
다시는 오고 싶지 않은 길로 기억될 것 같다.

피게이라다포스(Figueira da Foz)에 도착해서 캠핑장을 찾아보니 시내 언 덕 위에 있어 전경도 좋고 바로 옆에 초대형 쇼핑몰이 있어 쇼핑하기도 좋았다.

오늘 밤부터 모레 아침까지 내내 비 소식이 있어 방갈로에서 이틀 쉬기로 했 는데 시설이 거의 호텔급이다. 56유로…

다음 날 아침에 일어나 보니 밤새 비가 내리고 있었다.

하루 쉬면서. 바로 리스본으로 점프를 할까 아니면 자전거 타고 리스본까지

계속 갈까 의논을 했다. 결국 자전거를 타는 데까지 타보고 기차를 타자는 결론을 내렸다.

9월 22일 - 38일 차

맵스미를 보니 N109 국도를 피해 내륙으로 멀리 돌아서 안내를 해 주었다. 큰 고개 세 개를 넘고 넘어서 해안가로 나올 수 있었는데 해안 쪽에는 자전거길이 의외로 잘 나 있었다. 작은 마을들을 지나며 시골 성당이나 거리 모습들이 스페인과 너무 비교될 정도로 남루하고 볼 게 없었다. 우여곡절 끝에 65Km를 달려 바다가 보이는 근사한 캠핑장에 도착했다(Parque de Campismo da Praia de Pedrogão). 텐트 치는 값이나 방갈로나 요금이 9유로로 동일하다고 한다. 철침대만 두 개 있는 방갈로이기는 하지만 당연히 방갈로를 선택했다.

우여곡절 끝에 65Km를 달려 바다가 보이는 근사한 캠핑장에 도착했다(Parque de Campismo da Praia de Pedrogão). 텐트 치는 값이나 방갈로나 요금이 9유로로 동일하다고 해서 방갈로를 선택했다.

다음 날 아침에 친구와 상의한 결과, 몸도 지치고 자전거길 상태도 안 좋으니 내일 리스본으로 점프하기로 합의했다.

리스본에 도착했으나 마드리드로 가는 교통편이 막막했다.

9월 23일 - 39일 차

오늘이 이번 자전거 여행의 마지막 라이딩이라 생각하니 갑자기 서글퍼졌다. 오늘따라 자전거길이 해안을 따라 너무 잘 나 있어 아쉬움을 더했다.

25Km를 달려 마리나 그란드(M.nha Grande)에 와서 보니 기차역에 역무원도 없는 시골 역이다. 한 시간 정도를 기다려 기차를 탔는데 사람이 없어 자전거를 편하게 거치할 수 있

마리나 그란드(M.nha Grande)로 가는 대서양변 자전거길… 오늘이 이번 자전거 여행의 마지막 라이딩이라 생각하니 갑자기 서글퍼졌다. 오늘따라 자전거길이 해안을 따라 너무 잘 나 있어 아쉬움을 더했다.

어서 마음 편히 리스본 산타아폴리니아(Santa Apolonia)역에 도착했다. 역에 도착하자마자 친구가 마드리드행 밤 기차 편을 알아보려고 매표소 앞에서 줄 서

서 기다리고 있었는데 포르투갈 젊은 친구가 한국에서 왔냐고 말을 걸더니 자기는 제주 올레길도 걸어 봤다고 친근하게 말을 걸더란다. 포르투갈은 영어가 잘 안 통해 통역을 부탁하니 흔쾌히 도와주었다. 매표소에 알아본 결과, 마드리드행 밤 기차는 침대칸이라 비좁아서 자전거 휴대가 어려울 것 같고 그나마도 오늘 밤엔 만석이란다. 크게 실망했지만 일단 숙소에 가서 ALSA버스(스페인의 고속버스 라인) 와 일반 기차 편을 알아봐야겠다고 생각했다. 숙소에 와서 교통편을 여러모로 검색해 봤지만 구글 지도로 국가 간 기차 연결 정보를 검색하는 데는 한계가 있는 것 같았다. 유럽 도시들은 같은 도시라도 역에 따라 노선이 연결되기도 하고 안되기도 한다. 서울에 소재한 역이라도 용산역에서 도착한 열차가 청량리역 노선과 연결이 안 되는 것과 같은 구조라고 생각이 든다.

리스본 시내는 너무 혼란스러웠다. 길바닥은 맨 말발굽 길에 꼬불꼬불한 길 위에 관광객들로 꽉 찬 것 같았다. 숙소를 찾아가는데 갑자기 급경사 언덕에 계단길이 아니면 사람이 다닐 수도 없고 차도는 1차선 일방통행에 마주 오는 차가 왜 그리 많은지…

리스본은 혼란스러웠다. 도로는 맨 말발굽 길에 꼬불꼬불한데다가 길 위는 관광객들로 꽉 찼다.

가파른 언덕길을 따라 끌바로 겨우 숙소를 찾으니 친구 얼굴이 완전 흙빛이 되었다. 언덕 위에 있는 빈민촌의 마약 굴에 왔다는 표정이었다, 아고다로 시내에서 가깝고 중가대 숙소를 정한 건데 영 마음에 들지 않는 모양이었다. 하루 8만 원 정도…

방은 그런대로 괜찮았는데 문제는 자전거였다. 4층까지 좁은 계단으로 자전거를 들고 올라가서 방에 보관해야만 했다. 30Kg 넘는 짐을 올리고 자전거도 올리고 나니 땀이 범벅이 되었다.

리스본은 본래 몇 개의 언덕으로 이루어진 도시라고 한다. 길은 좁고 물가는 비싸고 볼 것도 없는 이런 도시에 웬 관광객이 그리 많은지… 보는 관점과 취향이 사람마다 달라서 그런가 보다.

9월 24일 - 40일 차

리스본까지 와서 그냥 가기 아쉬워서 시내 투어하는 전차를 타고 두세 시간 동안 시내 한 바퀴를 돌아봤지만 크게 기억에 남을 만한 것은 없었다.

본래 리스본에 이틀 묵으려고 했는데 더 머물 이유가 없을 것 같아 가능하면 서둘러 떠나기로 했다.

그런데 마드리드까지 가는 교통편이 문제였다. 사람만 타면 전혀 문제가 없지만, 자전거 휴대가 쉽지가 않다. 유럽에서 운행되는 기차는 우리나라처럼 여러 등급이 있는데 나라마다 명칭과 등급이 다 다르지만, 자전거 휴대가 가능한 등급은 우리나라 무궁화급에 해당하는 Inter-City급 기차이다. 그렇지만 노선들이 짧아서 자주 갈아타야 하므로 장거리 갈 때는 적합하지가 않다. 장거리가는 기차 중에 자전거석 티켓을 사서 휴대할 수 있는 기차도 있기는 하지만 없는 구간도 많다. 리스본 ― 마드리드 같은 구간이 그 예이다.

고속버스도 가능하지만, 나라마다 규정이 달라서 자전거 휴대가 허용이 안 되는 경우도 있다. ALSA버스(스페인의 고속버스 라인)의 경우에는 스페인 국내선은 휴대가 가능하지만 국제간 노선은 허용이 안 된다고 되어 있다. 몇 년 전에 스웨덴에서 덴마크로 넘어 올 때는 고속버스 짐칸에 싣고 넘어온 기억도 있어 나라마다 규정이 다른 것 같다.

여러모로 궁리하다가 마드리드행 밤 열차에 침대 좌석을 두 개씩을 사서 자전거를 캐링백에 포장해서 침대에 놓고 가면 되지 않을까 하는 생각이 들었다. 어제 자리가 없다고 했지만, 내일 기차라도 알아볼 겸 역에 가서 물어보니 뜻밖에도 오늘 밤 기차에 자리가 있다고 한다. 그리고 침대에 자전거를 휴대할 수 있겠냐고 물었더니 차장 재량이라고 답했다. 오늘 밤 9:25 야간열차 침대칸 4석을 샀다(112유로/4석). 어제 포르투갈 친구가 도와준다고 통역을 해줬는데 뭔가 오류가 있었던 것 같다. 하지만 4석을 샀다고 자전거를 실어줄지는 미지수였다.

리스본까지 와서 그냥 가기 아쉬워서 시내 투어하는 전차를 타고 두세 시간 동안 시내 한 바퀴를 돌았는데 아무 감흥이 없었다. 숙소에 와서 쉬다가 저녁 무렵에 짐을 꾸려서 역으로 갔다. 야간열차 승강장을 찾아서 자전거를 분해해서 캐링 백에 포장을 마치고 기다리니 야간열차가 들어왔다. 혹시나 자전거 휴대가 거절될까 봐 마음 졸이며 자전거를 들고 기차에 올라타니 차장이 보고도 아무런 제지가 없었다. 하지만 자전거를 세워야만 들어갈 수 있을 정도로 복도가 좁아서 둘이 힘을 합해서야 간신히 2층 침대에 올려놓을 수 있었다. 흔들리면 자전거가 떨어질까 봐 끈으로 고정하고 침대칸에 누우니 이제야 집에 갈 수 있겠다는 안도감이 들었다.

자전거를 분해해서 캐링 백에 포장을 마치고 야간열차 승강장에서 기다리니 야간열차가 들어왔다. 혹시나 자전거 휴대가 거절될까 봐 마음 졸였지만 다행히 아무런 제지가 없었다. 하지만 자전거를 세워야만 들어갈 수 있을 정도로 복도가 좁아서 둘이 힘을 합해서야 간신히 2층 침대에 올려놓을 수 있었다.

마드리드 도착이 다음 날 아침 8:30이다. 리스본 ㅡ 마드리드 거리가 700Km 정도 되는데 11시간이 걸린다는 것이 이상했는데 바로 가는 것이 아니고 북쪽으로 올라갔다가 내려오는 코스라 시간이 오래 걸리는 모양이었다.

마드리드 관광 그리고 귀국...

마드리드에 도착해서 마드리드 공항과 가장 가까운 역에서 내렸다.

아침 8:30 드디어 마드리드에 도착했다. 마드리드에서도 몇 개의 역에서 정차하는데 마드리드 공항과 가장 가까운 역에서 내렸다. 마드리드에서 3일을 자야하는데 시내 호텔은 비싸기도 하거니와 답답하기도 해서 캠핑으로 이번 여행을 마무리하기로 했다. 마침 공항 근처에 전철역하고도 가까운 캠핑장이 있어 찾아가니 기대 이상으로 쾌적하고 교통이 편리했다.

Camping Osuna (Calle Jardines de Aranjuez, s/n, 28042 Madrid, 스페인)

텐트 쳐놓고 바로 전철을 타고 마드리드 시내 투어에 나섰다. 먼저 한인 식당에 가서 배불리 점심을 먹고 미술관부터 찾아가 봤다. 마드리드의 프라도 미술관은 파리 루브르 박물관, 상트페테르부르크 에르미타주 미술관과 함께 세계 3대 미술관중 하나라고 한다. 조금 늦게 가면 줄이 엄청 길다. 이어폰을 돈 내고 빌리면 한국말로 그림 해설도 들을 수 있어 좋기는 한데 너무 넓어 하루에 다 보기에는 무리였다. 마드리드 왕궁도 훌륭한 건축물이라 볼 만했지만, 입장하는데 역시 긴 줄을 서야 했다.

마드리드의 프라도 미술관은 파리 루브르 박물관, 상트페테르부르크 에르미타주 미술관과 함께 세계 3대 미술관중 하나라고 한다. 조금 늦게 가면 줄이 엄청 길다. 마드리드 왕궁도 훌륭한 건축물이라 볼 만했지만, 입장하는데 역시 긴 줄을 서야 했다.

그다음 날 아침 자전거로 공항을 가보기로 했다. 10Km도 안 되는 거리이고 자동차 전용 도로를 타지 않고도 공항 대합실까지 들어갈 수 있는 길을 찾아 놨는데 문제는 공항 내에서 자전거 박스를 구할 수가 없다는 것이다. 빽빽이로 둘

둘 말아주는 서비스코너가 있기는 한데 그 포장으로는 비행기에 실어 줄지가 의문이었다. 할 수 없이 자전거 박스를 사러 몇 군데 우체국에 들러봤는데 자전거 박스는 우체국마다 있는 것이 아니고 큰 우체국에만 있는지 전화로 몇 군데 물어보더니 가까운 우체국을 소개해 주었다. 일단은 캠핑장에 돌아와서 택시를 불러 소개해준 우체국을 찾아가 박스 두 개를 구매해서 돌아왔다.

9월 28/29일 - 44/45일 차

마침 공항 근처에 전철역하고도 가까운 캠핑장이 있어 찾아가니 기대 이상으로 쾌적하고 교통이 편리했다. Camping Osuna (Calle Jardines de Aranjuez, s/n, 28042 Madrid, 스페인)

마지막 날 아침을 먹고 자전거를 분해해서 박스 포장을 끝내고 나니 그동안의 우여곡절 한 사연들이 영화필름이 돌아가듯이 눈앞을 스쳐 지나갔다. 언제 또다시 이런 여행을 다시 할 수 있을까 하는 진한 여운이 남았다. 캠핑장 관리인에게 밴 택시를 불러 달라고 하니 정해진 시간에 정확히 왔다. 공항이 가까워서 10유로 정도에 공항에 도착할 수 있었다.

Chapter 3

유럽 자전거 여행을 위한 제반 정보 사항

1. 자전거 관련

1) 자전거의 선택

자전거 얘기를 한번 해 보자. 장거리 자전거여행 시에는 미니벨로든 하이브리드이든 장단점이 다 있겠지만 캠핑을 하며 다니기에는 여행용 자전거나 MTB 중 하나를 선택하는 것이 좋을 듯하다. 여행용 자전거는 평지에서 직진성이 좋고 앞뒤로 페니어 장착하기가 편해서 짐싣기가 좋다. 하지만 필자는 MTB를 더 선호하는 편이다. 왜냐하면 우선 튼튼해서 여행 기간 중 정비해 본 기억이 거의 없다. 반면에 동행한 친구들의 여행용 자전거는 여러 가지 이유로 애를 많이 먹었던 기억이 난다. 또한 MTB는 언덕 등판이 상대적으로 편하고 자주 만나게 되는 비포장도로에서 그 진가가 나타난다. 특히 스페인 산티아고 순례길 같은 자갈길이나 알펜 가도와 같은 산악지형에서는 MTB가 아니면 운행이 불가능한 경우가 자주 있다. 다만 MTB에는 앞바퀴에 쇽옵서버가 있어 앞 페니어 장착이 불편한 점이 있고, 짐이 뒷바퀴에 집중되다 보니 심한 업힐에서 끌바할 때에 앞쪽이 약간씩 들리는 감이 있다. 하지만 핸들바 백과 음료수 큰 병으로 어느 정도의 균형은 유지할 수가 있어 수차례의 장거리 여행을 무사히 마칠 수가 있었다. 참고로 필자의 자전거는 첼로 실버라도 70 초기 모델이다. 단 MTB 중에 카본 프레임은 짐받이 달기에는 적합하지가 않으니 피해야 한다.

2) 타이어

1차 여행 시에는 슈발베 마라톤 1.75로 펑크 한번 없이 잘 다녀왔는데 2차 여행 시에는 산티아고 순례길 때문에 고민하다가 캔다 1.75 산악용을 장착하고 완주했다. 잘한 선택이었던 것 같다. 슈발베 마라톤 시리즈는 도로 주행용이기 때문에 일반도로에서는 주행성이 좋지만, 자갈길에서는 밀림이 많다. 1.75 산악용을 선택했더니 일반 도로에서도 속도감이 어느 정도 유지되고 자갈길에서도 큰 불편함이 없었다. 또 하나 차이점은 캔다는 Folderble 이라 접어서 예비용 타이어로 휴대가 가능하다는 것이다. 예비용 타이어를 굳이 가져가야 할 것인가는 고민을 좀 해야 할 문제이다. 일반도로만을 갈 여정이라면 조금이라도 짐을 줄여야겠지만 갈 길이 험하다고 생각이 들면 Folderble 타이어 하나쯤 예비용으로 가져갈 것을 고민해야 할 것이다. 필자가 북해도 여행 시 도시와 도시 사이에서 타이어가 손상이 되어 정말로 난감한 경험을 체험해 봤기 때문이다.

3) 예비 스포크

스포크는 평소에는 잘 안 부러지는데 하나가 부러지면 시차를 두고 다른 스포크가 연쇄적으로 부러지기 쉽다고 한다. 장거리 여행 시에 짐이 보통 30 ~ 40Kg 정도 되는데 험한 길을 간다거나 특히 페니어나 짐 일부가 바퀴 안으로 딸려 들어가서 부러지기도 한다. 일단 스포크가 하나라도 부러지면 최단 거리에 있는 바이크샵 으로 달려가서 정비해야 하는데 해당되는 휠에 맞는 스포크가 있느냐는 것이 문제이다. 그렇지 않으면 휠 전체를 바꿔야 한다. 예비 스포크를 가져가면 대부분의 여행용 자전거는 라이더가 직접 교체도 가능하지만, MTB 는 라이더가 직접 교체하는 것은 거의 불가능하다. 스프라켓이며 브레이크 디스크 등을 다 들어내야 하기 때문이다. 그렇더라도 예비 스포크가 있으면 전문 바이크샵에서 정비가 가능하지만 없다면 휠 전체를 교환해야 하는 상황도 발생하기 때문에 예비 스포크를 준비해 갈 것을 추천해 드린다. 스포크는 앞뒤 좌우가 다르기 때문에 4종류로 볼 수 있다. 단골 자전거포에 부탁해서 두 개씩을 준비해 가면 좋을 듯하다.

4) 체인 커넥터와 체인 커터

체인이 끊어지는 상황은 장거리 여행을 하다 보면 예상할 수 있는 일이므로 이에 대한 대비가 반드시 필요하다. 도시와 도시 간에 거리가 멀어 허허벌판 한가운데서 체인이 끊어지면 거의 재앙에 가까운 상황이라고 할 수 있기 때문이다. 체인 커넥터와 체인 커터 모두 기어가 11단이냐 9단이냐 또는 그 이하이냐에 따라 사이즈가 있다. 일행 중의 한 명만 가져간다고 공통으로 사용이 안 될 수도 있으니 면밀히 검토해 볼 필요가 있다.

5) 백미러 (후사경)

자전거여행 시에 대부분의 라이더들은 어떠한 이유인지는 몰라도 백미러 장착을 귀찮아하는 것 같다. 하지만 백미러를 장착할 것을 강력히 추천해 드린다. 자전거여행을 하다 보면 자동차길 노견으로 다녀야 하는 경우가 자주 있는데 이때 백미러는 안전에 필수적이라고 생각한다.

6) 물병 케이지

자전거여행을 하면서 물병 챙기는 것은 필수적이다. 특히 기온이 많이 올라가는 하절기에는 말할 것도 없다. 대부분의 라이더들은 별도로 구입하거나 자전거 살 때 덤으로 얹어 주는 물병을 물병 거치대에 휴대하고 다니는 것이 보통이다. 그런데 그런 물병은 자주 마시다 보면 정기적으로 소독이나 세척을 해주어야 한다. 특히 하절기에 장거리 여행을 하다 보면 대장균의 번식이 빠르게 진행되어 하루 이틀 지나다 보면 물 마시고 속이 편치 않은 경우도 가끔 발생하곤 한다. 그래서 필자는 생수병 자체를 휴대하고 다니기를 추천한다. 국내 여행 시에는 500ml 생수병 하나 갖고 다니다가 다 먹으면 새것으로 교체하면 되고 해외 장거리 여행 시에는 1L 생수병을 꽂아서  먹다 새것으로 교체하면 너무 깨끗하고 간단하다. 아래 사진 속의 토픽 제품은 고무밴드가 있어 울퉁불퉁한 비포장도로에서도 떨어뜨릴 염려가 없다. 국내에서는 1L 생수병이 드물지만 유럽에서는 쉽게 볼 수 있다.

7) 공구 세트

펑크 관련 소품, 예비 튜브 2개, 롱노우즈 플라이어(라디오 펜치), 철사 약간(다이소에서 구매), 페달용 스패너, 십자/일자/육각 드라이버 등은 꼭 챙겨야 할 품목이라고 할 수 있다.

8) 스탠드

　지평선을 바라보며 하염없이 가다 보면 자전거를 기대놓을 나무 한 그루 없는 경우가 많다. 그렇다고 짐을 잔뜩 실은 자전거를 뉘어 놓으면 세우기가 여간 힘들지가 않다. 이때 받침대가 필요한데 Click-Stand 라는 물건이 있다. 해외 쇼핑사이트에서만 구매가 가능한데 가격도 4~5만 원으로 생각보다 비싸다. 필자는 고민하다가 노인용 접이식 지팡이를 구매해서 간단히 손을 봤더니 아주 훌륭한 스탠드가 되었다. 아래 사진을 참조하시고 스탠드를 사용할 때에는 앞브레이크 레버를 고무줄로 반드시 잡아주어야 한다.

9) 페니어, 핸들바백 그리고 랙백

　페니어는 20리터(뒤페니어) 12.5리터(앞페니어) 사이즈의 오트리브가 가장 무난하다고 할 수 있겠다. 유럽 현지에서 매장을 돌아보니 여러 브랜드에서 좋은 소재의 신형 페니어가 많이 출시가 되어 있었다. 가격도 국내보다 저렴하지만, 현지에 도착해서 구입하는 것은 여건상 촉박한 감이 있으니 국내에서 구매해서 짐을 꾸리는 것이 안전하다. 앞뒤 페니어를 다 달아도 짐이 넘치는 경우가 많은데 필자처럼 앞 페니어 없이 가려면 랙백이 꼭 있어야 한다. 기존 오트리브 제품도 있으나 아쿠아 스포츠용품점에 가보면 적합한 랙백을 저렴하게 구입할 수도 있다.

10) 자물쇠

덴마크에서 호스텔 마당에서 짐을 꾸리고 있는데 자전거 여행 중인 독일인 노부부가 지나가며 우리들 자전거를 보고는 고가품이라고 생각이 들었는지 독일 들어가면 꼭 3Kg 짜리 체인으로 된 자물쇠를 사라고 충고한 기억이 난다. 유럽에는 대부분의 자전거가 소위 철차 수준이며 자전거 도난이 빈번하다는 얘기이다. 그래서 3Kg짜리는 좀 과하다는 생각이 들어서 1Kg짜리 자물쇠를 갖고 다녔는데 다행히 도난사고는 한 번도 겪어 보지를 않았다. 짐이 무거워지니 1Kg 자물쇠는 현지에 가서 구매해도 좋을 듯하다.

11) 짐받이와 짐끈, 그물망

여행용 자전거는 기본으로 설치되어 있지만, MTB는 짐받이를 따로 설치하여야 하는데 유명 브랜드보다 중국제 일반 제품이 오히려 더 적합한 것 같았다. 브랜드를 불문하고 짐받이 설치시 10여 개의 볼트로 고정을 하는데 짐이 무거워서 간혹 볼트가 부러지는 경우가 있어 동일한 사이즈의 볼트 몇 개를 가져가는 것이 좋다. 그리고 짐받이와 싯포스트를 연결해주는 안장 큐알레버가 자이언트 제품(자이언트 랙마운트 싯클램프 QR형) 이 있는데 이를 사용하면 편리하다(아래 사진 참조). 그리고 텐트와 랙백을 양쪽 페니어 위에 결박하는데 든든한 짐끈

이 필요한데 오토바이용 결속 고무줄을 사다가 적당한 크기로 잘라 양쪽에 고리
를 달면 든든하고 편리하다. 또한 짐 고정 그물망도 사용해 보면 편할 때가 많다.

12) 랜턴류

주행용 라이트는 생각보다 사용할 일이 별로 없고, 핸들바 위에 핸들바백, 핸
드폰 거치대 등으로 복잡해서 라이트를 장착하기도 어렵다. 따라서 아래 사진처
럼 탈부착이 쉬운 라이트를 휴대하고 다니다가 필요시 앞바퀴 포크에 간단히 설
치하면 좋다. 그리고 비상용으로 헤드랜턴을 하나쯤 휴대하는 것이 좋고, 캠핑
시에도 꼭 필요하니 반드시 준비해 가야 한다.

2. 캠핑 관련

1) 텐트

자전거로 캠핑을 하며 여행하는 것은 너무나도 환상적인 여행이라고 생각한다. 우리나라에도 최근 들어 캠핑장이 많아지고는 있지만, 오토캠핑장 위주로 되어 있어 자전거로 캠핑을 하며 여행하기에는 아직도 부족한 점이 많다. 수년 전에 일본 북해도로 자전거 캠핑을 20일간 다녀왔는데 일본만 해도 캠핑의 천국이라고 할 정도로 캠핑장 수도 많고 대부분 저렴하고 쾌적한 환경이었다. 특히 북해도는 여름에도 시원하기 때문에 하절기에 자캠(자전거 캠핑)을 꼭 한번 다녀오기를 추천한다. 캠핑 여행을 하다 보면 거의 매일 텐트를 치고 접기를 반복하게 되는데 그러다 보면 텐트 표면의 코팅 처리가 벗겨지기 마련이다. 특히 매일 아침 젖은 상태로 접다 보면 한두 달의 여행 후반기에는 텐트의 방수에 문제가 발생하기도 한다. 즉 텐트는 소모품이라는 결론이다. 따라서 비싸다고 평생 쓸 수 있는 것이 아니기 때문에 적당한 가격선에서 구입하고 (10~15 만원 정도) 무게 차이도 얼마 안 나니 1인용보다는 2~3인용 텐트를 혼자서 사용하는 것이 좋다. 짐을 안에 넣어야 하므로 혼자 사용하기에 딱 좋고 무게는 2 ~ 2.5Kg 정도면 적당하다고 생각한다. 텐트 칠 때 캠핑용 플라스틱 망치를 가져가면 편할 때가 많다. 다목적 용도로 직사각형의 판초도 꼭 필요하다. 평소에는 깔개로 사용하고 큰비가 올 때나 방풍용으로도 요긴하게 사용할 수가 있다.

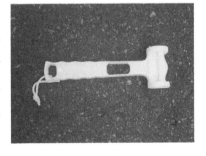

2) 의자

 캠핑 여행을 하며 의자의 중요성을 간과하기가 쉽다. 특히 자전거 여행은 무게에 민감하기 때문에 그냥 깔개에 쭈구리고 앉아 적당히 시간을 보내면 되겠지 하고 생각한다. 하지만 하루종일 자전거를 타고 와서 텐트 앞에서 노곤한 몸을 의자에 기대어 지는 해를 바라보는 맛이야말로 자캠의 최고의 즐거움이다. 조금은 짐이 되더라도 제대로 된 접이식 의자를 꼭 가져가기를 추천한다.
 부피와 무게를 고려해서 조금 비싸더라도 듀랄루민 재질의 제품이 가볍고 튼튼해서 적합하다고 생각된다.

3) 침낭, 침낭 커버

 침낭도 비쌀수록 좋지만, 계절이 보통 5~9월 사이라면 가격대가 10만 원 전후 정도면 적당할 듯하다. 하지만 중부 유럽 이북은 하절기라도 추울 수도 있다는 사실을 염두에 두어야 한다. 그에 대한 보완책의 하나로 침낭 커버를 휴대하면 좋다. 약간의 보온도 되고 방수 효과도 있고 접으면 부피가 작아서 좋다. 그리고 기온이 갑자기 내려가는 날에는 유리병에 뜨거운 물을 담아 양말이나 옷으로 감싸서 침낭 발밑에 놓고 자면 보온 효과가 상당히 좋다.

4) 버너와 가스통

 보통 가스버너를 주로 쓰는데 가스통이 문제다. 버너 헤드를 가스통 노즐에 직접 꽂거나 호스로 연결해서 가스통 노즐에 꽂아서 사용하는데 알파인 가스통의 노즐 방식이 두 종류이다. 알파인 가스통을 못 구할 경우에 대비해서 부탄가스통에 연결할 수 있는 어댑터도 반드시 가져가야 한다. 유럽 현지에 가면 우리나라에서 사용하고 있는 가스통 노즐과 다른 가스통을 주로 팔고 있다. 가스통을 구입하기 위해서 파리 시내를 하루 종일 돌아다녀도 못 구해서 결국 한인 슈퍼에 가서 블루스타에 사용하는 일반 부탄가스통을 샀던 기억이 있다. 독일에서도 알파인 가스를 구하느라고 며칠간 고생한 경험이 있다. 즉 가스버너는 어떤 형태이든 상관없지만, 캠핑용 가스통과 부탄가스통을 겸용해서 사용할 수 있는 호스형 가스버너를 가져가야 한다는 것이다. 참고로 유럽 현지에서 이런 가스통은 스포츠 전문매장에 가면 쉽게 구할 수가 있는데 구글맵에서 스포츠용품을 검색하면 찾기가 어렵고 "Decathron"이라고 치면 스포츠 전문매장을 쉽게 찾을 수가 있다.

5) 의류

　장거리 자전거 여행 시에 다른 의류들은 매일 세탁을 해도 건조에 큰 문제가 없으나 패드 바지가 고민거리 중의 하나이다. 패드가 두꺼워서 세탁하면 건조가 오래 걸려서 자주 갈아입을 수도 없고 그렇다고 여러 벌 가져가기도 어렵다. 고민 끝에 패드 바지는 4~5일마다 세탁하고 스포츠용 팬티를 4개 정도를 가져가서 패드 바지 안에 입고 라이딩하니 상쾌하기도 하고 위생상으로도 좋았다. 패드 바지는 노팬티로 입는 것이 일반적이지만 트렁크형으로 된 스포츠용 팬티 중에서 이음새가 엉덩이 부분에 없는 것을 잘 고르면 땀에 절은 패드에 맨살이 안 닿고 라이딩을 계속할 수가 있다.

우의는 필요하기는 한데 실제로 우중 라이딩 시에는 큰 도움이 안 된다고 봐야 한다. 왜냐하면 코팅이 잘 된 우의를 입고 삼십 분만 페달질하면 우의 안쪽은 땀으로 범벅이 되고 우의 밖은 비로 푹 젖는다. 다만 체온 유지를 위해서 우의가 필요한 경우가 있는데 비바람이 심하면 우의 하의까지도 입을 필요가 있을 수가 있다. 하지만 일정이 촉박하거나 여러 날 동안 비 예보가 있는 경우 외에는 우중 라이딩은 절대적으로 피하는 것이 좋겠다. 결론적으로 우의를 가져는 가되 무겁거나 고기능성의 우의보다는 가볍고 캐주얼한 디자인 위주로 선택하는 것이 좋을 듯하다.

그리고 웬만한 의류는 현지 스포츠 매장에서 하나씩 사는 재미도 있다. 싸고 좋은 물건들이 꽤 있다. 캠핑하면서 추위를 느껴 작게 접히는 패딩 자켓을 현지에서 사서 아주 유용하게 사용한 경험도 있다.

6) 신발

북유럽 여행 시에는 클릿 신발을 사용했는데 여러 가지 장점이 있는 반면, 끌바하는 경우에는 미끄러워 애를 많이 먹었다. 그리고 무엇보다도 장기간 여행하다 보면 가끔가다 멍한 상태에서 페달질을 하는 경우가 자주 있는데 이런 때에는 클릿 신발이 위험하다고 느끼곤 했다. 위험 요소를 하나라도 줄이자는 차원에서 클릿 신발은 피하고 트래킹화를 신고 가는 것이 좋다고 생각한다.

3. 음식과 식사

샌드위치와 같은 빵류의 패스트푸드를 제외하고는 대부분의 식당들은 비싸다고 할 수 있다. 나라와 도시마다 물가수준이 달라서 일률적으로 말하기는 어렵지만, 필자가 다녀온 나라 중 물가가 가장 비싼 나라는 노르웨이와 스위스라고 할 수 있다. 정확한 것은 아니지만 필자의 기억만을 근거로 비교해 본다면 빅맥세트 정도의 식사를 하려면 노르웨이, 스위스가 약 2만 원 정도였고 독일, 프랑스가 8천 ~ 1만 원, 스페인이 7~8천 원 정도로 기억된다. 하지만 수년 전에 비해 지금의 환율 수준이 변화가 많아서 그 격차가 많이 줄어들었을 것이다. 아무튼 캠핑을 위주로 여행을 한다면 마트에서 식재료를 사다가 텐트 앞에서 직접 해 먹는 것이 훨씬 저렴하고 잘 먹을 수 있다. 유럽 대부분의 나라에서는 고기, 쌀, 빵, 과일, 포도주, 치즈 등 기본적인 식재료가 무척 싸다. 두 명이 15유로 정도면 저녁과 아침 두 끼 식사는 충분히 해결 할 수 있다. 다만 김치 고추장 등은 구하기가 어렵고 무거워서 한국인 구미에 맞추기가 어렵다는 문제가 있다.

라면스프는 반드시 가져가야 한다. 인터넷으로 스프만 한 봉다리 살 수 있다.

적당한 크기의 조미료통을 구입해서 후추, 소금, 참기름, 물엿 등을 담아 가면 좋다. 현지에서도 살 수 있지만, 병 단위로 팔기 때문에 휴대하기가 어렵다.

고추장은 무거워도 가져가야 한다. 사각 플라스틱 통 말고 뚜껑을 닫을 수 있는 플라스틱 병 모양의 용기가 좋다. 고추장이 더운 날씨에는 부풀어 올라 낭패를 볼 수도 있기 때문이다. 현지 한인 슈퍼에는 이런 용기의 고추장을 찾기가 어려우니 플라스틱 병으로 된 고추장을 한국에서 사 가는 것이 좋다.

김치는 포기해야 한다. 대도시 통과할 때 한인 슈퍼에서 약간의 김치를 구입할 수 있지만, 무게와 보관 문제 때문에 욕심부리면 안 될 것이다. 필자는 오이피클을 항상 김치 대용품으로 먹었다. 손가락만 한 오이피클은 병조림 형태로 판매되는데 무겁고 양이 많아서 처음에는 망설였지만, 가격이 워낙 싸서 (한 병에 1~2유로) 저녁 식사와 다음 날 아침까지 먹고 무게 때문에 남은 것은 부담 없이 버리고 떠나면 된다.

아침 식사는 시간 절약을 위해서 주로 컵라면에 전날 남은 밥을 말아 먹고는 했다. 바게트빵과 요구르트와 함께 먹을 수도 있지만, 한국 사람인지라 뜨끈한 국물이 그리워서 컵라면을 주로 먹었다. 컵라면의 종류도 다양해서 몇 번 시행착오를 거치면 입맛에 맞는 브랜드를 찾을 수 있을 것이다. 한국에서 가져간 분말 형태의 오뚜기 수프는 무게도 안 나가고 취사가 쉬워 춥거나 비 오는 날 아침 식사용으로 좋았다.

저녁 식사로는 코펠 프라이팬에 삼겹살 구워서 참기름 소금 찍어 먹는 게 제일 좋았다. 아니면 적당한 크기로 고기를 썰어서 고추장 한 숟갈과 라면스프 반 스푼 정도 넣고 볶으면 훌륭한 제육볶음이 된다. 라이딩을 마치고 텐트 앞에서 갓 지은 밥에 비벼 먹으면 천당이 따로 없다. 마트에서 핸드폰 번역기로 "삼겹살" 치고 직원에게 보여주면 어느 가게에서도 쉽게 살 수 있다.

음식과 관련하여 제일 중요한 사항 한가지…
이 책 Part B에서 기술된 여행일지 편을 읽다 보면 자주 나오는 얘기가 있다. 주말(토요일 오후부터 일요일)에는 슈퍼가 문을 안 연다는 사실이다. 장기여행을 하다 보면 요일 개념이 없어져서 오늘이 무슨 요일인지도 잘 모르고 하루하루가 지나간다. 그러다 보면 주말에 쫄쫄이 굶주릴 수도 있다는 것이다. 따라서 기다란 바게트빵 한 덩어리 정도는 비상용으로 항상 지니고 다니는 것이 좋다. 값도 싸고 건조가 많이 되어서 잘 상하지도 않기 때문이다. 더불어 잼이나 사과 한두 개 정도…

4. 숙소 잡기

이 책은 자전거 캠핑 여행을 위한 참고서이기 때문에 캠핑장을 위주로 숙소를 알아보기로 한다.

보통 캠핑 4~5일 정도에 하루 정도는 휴식일을 갖는 것이 좋다. 마음에 드는 캠핑장에서 하루 더 보내기도 하고 도시에서 호텔이나 호스텔에서 쉬기도 한다. 밀린 빨래도 하고 자전거 정비도 하며 관광을 즐기기도 한다.

1) 캠핑장

대부분의 캠핑장은 캠핑카 위주로 운용이 된다. 심지어 자전거길 바로 옆에 있는 캠핑장에도 소형 텐트보다 캠핑카가 더 많다. 유럽 사람들은 몇 달씩 한자리에서 묵기도 하고 여기저기 움직이며 캠핑을 하기도 한다. 비용은 텐트 1개당 보통 10유로 전후라고 할 수 있으며 노르웨이, 스위스 같은 나라는 20유로 전후로 보면 될 것이다. 사이트별로 번호 표시가 있는 경우도 있고 바운더리를 정해주고 넓은 잔디밭에 아무 데나 텐트를 치라고 하는 데도 있다. 시설은 입구에 Reception (관리사무실), 공동취사장, 화장실과 샤워실, 큰 데는 카페와 매점이 있는 경우도 있다. 전기는 2~3유로로 주면 전기 케이블을 대여해 주는데 이는 캠핑카에 적용되는 요금이라 전기 케이블을 빌리지 말고 휴대폰 충전 정도는 관리실에서 해줄 수 있다고 안내해 주기도 한다. 왔다 갔다 하기 귀찮으면 몇 유로 내고 빌리든지 아니면 캠핑사이트에 있는 전기 배전반을 열어 보면 전기 콘센트가 여러 개 있는데 여기에 휴대폰이나 충전기를 꽂아도 누가 뭐라 하는 사람은 없다.

어떤 캠핑장은 방갈로(Bungalow) 시설도 되어 있는 데가 있다. 어떤 지역에서는 Cabin이라고도 하는데 비가 온다든지 텐트 치기 싫은 경우 이용하면 좋다. 비용은 20~50유로 정도라고 보면 될 것 같다.

캠핑장 검색은 구글맵이나 맵스미에 "Camping"이라고 치면 목록이 우르르 뜨는데 모두 캠핑장이 아니니 사진이나 댓글을 살펴보고 찾아가야 한다. 호텔이나 위락시설 등의 상호에도 Camping이라는 말이 들어가는 경우가 자주 있기 때문이다.

2) 호텔

호텔은 그야말로 천차만별이다. 유명도시나 대도시는 당연히 비싸고 작은 시골 마을은 70~150유로 정도라고 보면 된다. 2014년도 1차 여행 시에는 호텔 검색 앱을 잘 몰라서 어떤 도시에 도착하면 Tourist Information Center (관광안내소)로 달려가서 가장 싸고 시내에서 가까운 호텔을 찾아 달라고 요청하면 안내해주고 예약도 해주었다. 하지만 요즘에는 아고다나 호텔스닷컴 등 유용한 도구가 많으니 관광 안내소에 갈 필요는 없을 것 같다. 다만 이런 부류의 앱들은 호텔 찾기에는 매우 유용하나 호스텔이나 캠핑장 등은 검색이 잘 안 되니 관광 안내소를 이용하는 것이 좋을 듯하다.

3) 호스텔 (알베르게)

호스텔이나 알베르게나 거의 동일한 수준의 숙소라고 할 수 있는데 알베르게는 주로 산티아고 순례길에 있는 호스텔을 말한다. 호스텔은 주로 대도시나 관광지에 있는데 보통 2층 침대로 8~10인실로 운용이 되고 공동취사장, 공동 화장실 등을 사용하게 되어 있다. 가격대는 다양하지만 일 인당 10~30유로 정도로 혼자서 여행하는 사람들한테 적합한 숙소이다. 스페인 알베르게는 10유로 전후 정도로 저렴하다.

4) 한인민박

유럽을 가는 자전거 여행객들은 한인 민박을 이용할 것을 추천드린다. 현지 호스텔에 비해 다소 비싼 감은 있으나 아침저녁 식사를 제공하기도 하고 무엇보다도 다양한 정보와 도움을 받을 수 있기 때문이다. 예를 들면 공항에 도착해서 자전거 박스와 많은 짐을 들고 시내 숙소까지 가는 교통편이 너무 막막하다. 저녁 시간에 도착하면 더욱더 당황하게 된다. 한인 민박 사장님한테 사전에 사정 얘기하고 한인 콜밴을 대기 시켜놓으면 민박집 문 앞까지 바로 도착할 수가 있다. (두 명이 파리 드골공항에서 시내까지 한화 100유로 정도…) 도착지와 출발지가 동일하다면 귀국할 때 자전거 박스 구하러 애먹을 필요 없이 도착 시에 박스를 맡겨두고 귀국할 때 재사용하면 된다. "부탄가스 어디 가면 살 수 있나요?", "한국 사람들이 많이 가는 식당이나 카페가 어디인가요?" 등 필요한 정보획득이 용이하다. 민박집이 좀 비싸더라도 시내 중심 기차역 근처가 좋다. 도시 외곽에 민박집을 잡으면 자전거 때문에 전철 이용이 어렵기 때문이다.

숙소를 정할 때 주의해야 할 사항 중의 하나는 그 지역에 축제와 같은 큰 행사가 있으면 어려운 상황을 만날 수 있다는 것이다. 유럽의 웬만한 마을과 도시들은 역사가 깊고 사연이 많아서 여행하다 보면 크고 작은 축제를 자주 만나게 된다. Part B에 기술된 여행기를 읽어 보면 알겠지만 주로 주말에 축제가 진행이 되는데 그 기간 동안은 숙소 잡기가 정말로 어렵다. 심지어 캠핑장의 텐트 사이트도 모두 만석이라 잘못하면 길에서 노숙해야 할 상황이 되는데 도심에서의 노숙은 허용이 안 되고 안전상으로도 위험하다. 이럴 때에는 좀 힘들더라도 그 도시를 벗어나서 캠핑장을 찾을 수밖에 없다.

5. 기타 고려사항

1) 여행자 보험

여행자 보험은 가입하고 가는 것이 좋을 것 같아서 보험회사 홈페이지에 들어가서 가입 절차를 진행하다 보면 몇 가지 설문 조사에 응답해야 하는데 스쿠

버다이빙, 암벽등반 등 전문 스포츠 활동 동은 가입이 제한되어있다. 그런데 자전거 여행이 전문 스포츠활동에 포함되느냐 여부가 좀 애매하다. 즉 "…등" 이란 문구가 문제이다. 자전거 여행이 구체적으로 명시되어 있지 않아 보험회사에 문의해 보니 레저 활동으로 하루 이틀 자전거 타는 경우는 보험 가입이 가능하지만, 장기 자전거여행은 전문 스포츠활동으로 간주한다고 한다. 따라서 자전거 여행이 명시가 안 되어 있다고 해서 무턱대고 가입하면 나중에 중대 보험사고 발생 시에 보험금 지급이 거절될 가능성이 높다. 그런데 일부 보험회사(D..보험, A..보험)의 설문조항 상에는 "…등" 이란 말 없이 전문 스포츠활동이 구체적으로 나열되어 있는데 자전거 타기는 빠져있어 보험 가입하기에는 별문제가 없어 보인다.

보험 가입 시에는 상해사고나 물건 분실에 대한 조항도 중요하지만, 중대사고 구조송환 비용 조항에 관심을 가져볼 필요가 있다. 불의 사고로 귀국 시에는 예상치 못한 비용이 많이 든다고 한다. 그리고 고혈압, 당뇨, 고지혈 등 지병이 있는 경우에도 보험 가입이 제한되는 경우가 있는데 이때는 간단히 상해보험만 드는 방법도 있다.

2) 의약품과 부상

출발하기 전에 폐렴과 대상포진 그리고 파상풍 예방주사를 맞고 가는 게 좋다. 의약품은 대부분 한 번도 안 쓰고 도로 갖고 귀국하기 마련인데 경험상 많이 사용했던 품목은 감기약이었다. 외상에 대한 소독약과 가제, 엉덩이에 바르는 바셀린 성분의 연고류와 정로환, 그리고 국내에서 구할 수 있으면 항생제를 가져가면 좋다. 비 맞으며 라이딩을 하다가 보면 감기가 목감기로 확산되거나 외상을 입은 경우 곪을 가능성이 있기 때문이다.

상처가 났을 때 바르는 반창고(일본제)가 편리하고 좋았다. 유럽에는 생각보다 벌레나 모기가 별로 없지만, 현지에서 살충제(에어로졸) 하나 구입해서 저녁에 미리 텐트 안에 뿌려 놓으면 벌레 걱정은 안 해도 된다. 한국에서 모기향 반통 정도 가져가서 텐트 앞에다 피워 놓으면 좋다.

일행 중에 몸이 아픈 사람이 발생하면 하루 이틀 경치 좋은 캠핑장에서 푹 쉬어 가는 것도 나중에 좋은 추억거리가 될 수 있다. 자전거 많이 타고 왔다고 누가 상 주는 것도 아니기 때문이다. 필자의 경우 북해도 자켐시 양쪽 눈에 결막염이 와서 눈곱이 끼고 드라큐라 눈이 되어서 도저히 사람들과 눈을 마주칠 수가 없었다. 그래서 병원에서 안약을 처방받고 바다가 바라다보이는 멋진 캠핑장에서 3일 동안 푹 쉬어 간 적이 있었는데 아직도 그 바다 수평선이 아른대기도 한다. 그리고 2019년 유럽투어 시에 동행한 친구가 짐이 무거워서 자전거 컨트롤이 힘들다 보니 페달에 발목 복숭아뼈가 반복해서 부딪친 결과, 살이 패여 뼈가 드러날 정도로 상처가 깊었었다. 가장 가까운 르아르 강변 캠핑장으로 가서 이틀 치료하며 쉬었더니 상처가 아물어서 여행을 무사히 마칠 수 있었다.

3) 언어구사

해외로 자전거 여행을 가고 싶어도 망설여지는 가장 큰 이유 중의 하나가 바로 언어 소통 문제일 것이다. 필자의 경우에는 해외에서 삼사 년 살다가 온 경험이 있어서 그나마 영어 소통은 어느 정도 가능한 축에 속한다고 스스로 생각했지만, 그래도 장기간에 걸쳐 자전거로 해외여행을 한다는 것이 만만해 보이지가 않았다. 특히 영어를 모국어로 사용하는 미국이나 영국을 여행하다 보면 영어에 기가 죽어서 들리지도 않고 말도 잘 안 나오는 경우가 많았다. 그렇지만 유럽 여행은 한 가지 유리한 점이 있다. 즉 유럽인들도 의외로 영어가 서툴다는 사실이다. 그래서 영어로 대화할 때 느리고 쉽게 얘기하는 경우가 많아서 영어를 더듬거려도 거리낌이 별로 없고 나중에는 뻔뻔해지기까지 한다. 하지만 기본 대화는 연마해서 가는 것이 아무래도 여행 내내 편할 것이다. 그리고 여러 나라의 사람들과 만나서 대화할 기회가 많은데 못하는 영어라도 몇 마디 교환하면 금방 친해지고 여행의 묘미도 느낄 수 있을 것이다.

영어를 조금이라도 구사할 수 있는 사람과 동행하면 좋겠지만, 그렇지 못한 경우에는 여행에 필요한 문장 약 50개만 달달 외워서 가면 일단은 의사소통에는 문제가 없을 것이다. 짧은 영어라도 현지에서 좌충우돌하다 보면 영어를 배울 수 있는 결정적인 계기가 될 수도 있을 것이다.

구글 번역기나 파파고 같은 번역기를 사용해 보았는데 솔직히 그리 만족스럽지는 못했다. 사무적인 대화나 물건 살 때 등 상담 시에는 효용성이 꽤 있었지만, 마주 보고 대화를 하는 경우에는 효용성이 많이 떨어졌다.

4) 여행경비 관리

시골길을 누비고 다니다 보면 신용카드가 통용이 안 되는 가게가 많다. 따라서 어느 정도의 현금을 지니고 다녀야 하는데 야영 생활을 하면서 현금 보유가 부담스럽기도 하다. 하지만 캠핑장을 전전하며 여행을 몇 달씩 돌아다녀 봐도 도난이나 신변의 위협은 느껴 본 적이 없었다. 오히려 대도시 한복판에서는 불

량배들이나 집시 같은 사람들이 눈에 띄어서 긴장한 적은 몇 번 있었다. 일행이 있는 경우에는 경비 정산도 머리가 아프기 때문에 공동통장을 개설해서 공동 경비를 입금시켜 놓고 체크카드(직불카드)를 인원수대로 발급받는 것이 좋다. 각자 체크카드로 공동 경비를 사용하게 하니 나중에 따로 정산할 필요가 없었다. 그리고 반 정도를 현금으로 환전해서 각자 분산하여 보유토록 하고 현금이 떨어지면 대도시에서 현금지급기로 현금을 추가로 인출해서 사용했다. 환율에서 다소 불리했지만, 안전상 마음이 편했다.

5) 자전거 포장과 짐 싸기

출국할 때는 인천공항 수하물센터에서 박스 포장을 해도 되고 단골 자전거포에 부탁해서 박스를 구해 손수 포장을 해도 되는데 귀국할 때 박스 구하는 일이 큰일이다. 대부분의 외국 공항에서는 자전거 박스 포장해 주는 데가 거의 없다. 오키나와에서 귀국할 때는 박스 포장 안 하고 헝겊으로 된 캐링백에 포장해도 받아 준 경험이 있었다. 하지만 항공사마다 요구사항이 달라서 혹시라도 거절당하면 난감하기 때문에 어렵더라도 박스를 구해서 포장하는 것이 마음이 편하다.

2014년 프랑크푸르트에서 귀국할 때는 친구와 둘이서 시내 자전거샵을 종일 헤매다가 어렵사리 두 개를 얻어서 온 기억이 있다. 자전거샵 주인들은 모두 우호적이고 도와주려고는 하는데 이들에게 자전거 박스는 거추장스러운 쓰레기에 불과하므로 발생 즉시 폐기해서 막상 구하려고 하면 구하기 어려운 경우가 많다. 한국에서도 이런 상황은 비슷하다고 할 수 있다. 정녕 못 구할 경우에는 작은 박스 여러 개를 테이프로 이어 붙여서 포장해도 큰 문제는 없을 것 같다.

참고로 스페인에서는 우체국에서 자전거 박스를 판매하고 있다. 왜냐하면 스페인 국내에서는 자전거를 우체국 택배로 탁송해 주는 서비스가 있기 때문이다. 단 산티아고 순례길 변에 있는 우체국에서는 항상 볼 수 있었지만 마드리드 같은 도시 내에서는 큰 우체국에만 있어 가까운 타 우체국으로 안내를 해주기도 한다.

도착지와 출발지가 같은 경우에는 편하다. 첫날 묵은 숙소에다 맡아 달라고 하면 웬만하면 다 맡아준다.

유럽 행 항공편은 수하물이 20 ~ 23Kg 한 개만 허용되고 추가 수하물은 개수에 따라 추가 요금이 부과되는데 대략 개당 100유로 정도 된다. 자전거 박스에 20Kg 정도 채우고 나머지 페니어나 배낭 등은 한 박스에 20Kg을 채워 넣으면 짐 개수를 하나로 줄일 수가 있다. 이때 주의할 점은 반드시 배터리 유무를 체크해야 한다. 동반자들 중에 어렵사리 포장해 놓은 박스를 당황하며 푸는 모습을 몇 번이나 목격한 경험이 있기 때문이다.

6) 핸드폰 로밍

2014년에 비해 최근에는 해외 로밍이 많이 싸고 좋아졌다. 해외 유심칩 등 여러 종류의 로밍 상품이 있겠지만 S 통신사의 경우에는 한 달 동안 4기가 / 7기가 상품이 있는데 가격도 비싸다고 할 수가 없고 국내 통화도 가능하고 해외 현지에서도 일부 전화 통화도 가능하다. 한 달에 7기가 정도면 동영상을 매일 보는 경우가 아니라면 충분한 데이터양이라고 생각한다.

7) 사전 체력 강화 훈련 및 캠핑 연습

사전 체력강화 운동은 겨울부터 시작해야 한다. 실내자전거나 헬스클럽에 가서 기초 체력 강화에 주력했고 봄부터는 4대강을 위주로 자주 라이딩을 했다. 특히 낙동강이 체력강화에 가장 효과적이었으며 동해안을 두 번에 걸쳐 캠핑을 하며 라이딩을 하기도 했는데 자캠 경험이 없었던 친구가 많은 도움이 되었다고 한다.

8) 안전과 도난

마지막으로 안전과 도난에 대한 문제인데 이탈리아나 동유럽 국가들은 다소 위험하다고 할 수 있어 가급적 피하는 것이 좋다. 가더라도 대도시는 가급적 피하는 것이 좋다. 하지만 필자가 다녀본 북유럽과 중부유럽 그리고 북부 스페인 등에서는 안전에 대해서 걱정을 해본 기억이 거의 없었다. 그리고 자전거 여행을 하게 되면 주로 시골길을 다니게 되는데 난민이나 집시 등을 만나서 곤욕을 치러 본 경험도 거의 없었다. 다만 어쩔 수 없이 대도시에 진입할 때가 문제인데, 진입 20 ~30Km 전방에서 기차를 타고 중앙역(시내 중심)까지 가서 내리게 되면 대도시 외곽의 우범지대도 피할 수가 있고 건널목에서 잦은 신호 대기도 피하는 등 큰 위험 없이 도심에 진입할 수 있을 것이다. 캠핑장의 경우에는 비록 담장이 관목이나 야트막한 펜스로 둘러싸여 있으나 도난사고는 거의 들어보지를 못했다. 하지만 유럽 현지 사람들이 얘기해주는 자전거 분실에 대한 이야기는 심심치 않게 들어 봤고, 관광객들이 소매치기당했다는 소식도 자주 접하는 것이 현실이라, 자전거는 1Kg 정도의 자물쇠로 단단히 결속해야 하고, 현금을 분산 휴대를 하는 등 항상 신경을 써야 할 것이다.

그리고 현금 분실 보다 더 치명적인 것이 핸드폰과 여권 분실이다. 특히, 가

이드나 동반자가 없는 상황에서 핸드폰이나 여권을 분실한 경우를 상상해 보라!! 거의 재앙에 가까운 사건이라 할 수 있다. 이에 대비해서 꼭 필요한 연락처와 주소 등을 별도로 메모해 놓고 여권 Copy, 여권용 사진 등 대비책을 세워 놓을 필요가 있다.

유럽 자전거 여행

발행일 | 2020년 10월 23일

지은이 | 이한철
펴낸곳 | 창조와 지식
디자인 | 민병옥
인쇄처 | 주식회사 북모아

출판등록 | 제2018-000027호
주　소 | 서울특별시 성동구 연무장가길 25 SK V1 타워 706호
전　화 | 1644-1814
팩　스 | 2275-8577
이메일 | book@bookmoa.com

I S B N　979-11-6003-259-8

정　가 | 18,000원